Anselm Grün

Jeder Mensch hat einen Engel

HERDER / SPEKTRUM

Band 5033

Das Buch

Engel: Jeder Mensch braucht im Haus seiner Seele besondere Räume des Schutzes, des schöpferischen Versunkenseins, braucht für seinen Geist die Flügel der Phantasie, für sein Leben die Leichtigkeit des Spiels. Und jeder Mensch hat all diese Möglichkeiten. Im Bild der Engel, von denen die biblischen Bücher erzählen, gewinnen sie für Anselm Grün Gestalt. Es sind Engel, die sich mit einer bestimmten Geschichte und einer ganz konkreten Erfahrung verbinden: Der Engel, der sich in den Weg stellt. Der Engel der begleitet, der Engel der heilt ... Anselm Grün hat aus großer Erfahrung ein inspirierendes Buch mit spiritueller Lebensweisheit geschrieben. Es vermittelt das alte Wissen: Wir sind in besonderer Weise geborgen und geschützt. Wir haben nicht alle Verantwortung für alles, was um uns herum und mit uns passiert. Wer das weiß, wird auch gelassener im Umgang mit sich und anderen, gewinnt Freiheit und Sicherheit aus dem Wissen heraus, daß alles gut wird.

Anselm Grün macht aus seiner reichen psychotherapeutischen Praxis und Erfahrung freilich auch deutlich: Unser Leben ist verletzlich und gefährdet. Viele genug haben das am eigenen Leib und der eigenen Seele in ihrer Kindheit erfahren. Aber seit unserer Kindheit haben wir in uns auch Kräfte und Quellen der Kraft und des Schutzes, Potentiale des Kreativen, des Versinkens in eine innere Welt sowie eine Aura der Würde, die durch das Bild des Engels angedeutet ist. Daran kann man auch als Erwachsener wieder anknüpfen. Wir erfahren aus diesem Buch nicht nur viel über innere Ressourcen, die in der Kindheit grundgelegt sind, wir werden auch konfrontiert mit dem Geheimnis der inneren Kraft und der Dimension des Göttlichen, die in dem Symbol des Engels ausgesagt ist.

Der Autor

Anselm Grün OSB, geb. 1945, verwaltet die Benediktinerabtei Münsterschwarzach. Außerdem ist er geistlicher Berater und als Kursleiter tätig – für Meditation, tiefenpsychologische Auslegung von Träumen, Fasten und Kontemplation. Zahlreiche Veröffentlichungen. Bei Herder/Spektrum: 50 Engel für das Jahr (Band 5003); Herzensruhe (Band 5023) Weihnachten – einen neuen Anfang feiern (Band 4734).

Anselm Grün

Jeder Mensch
hat einen Engel

Herder

Freiburg · Basel · Wien

Gedruckt auf umweltfreundlichem,
chlorfrei gebleichtem Papier

Originalausgabe

Alle Rechte vorbehalten – Printed in Germany
© Verlag Herder Freiburg im Breisgau 1999
Herstellung: Freiburger Graphische Betriebe 1999
Umschlaggestaltung: Joseph Pölzelbauer
Umschlagmotiv: Paul Klee, Engel, noch Weiblich. 1939,
Paul-Klee-Stiftung, Bern. Bild-Kunst Bonn 1999.
Autorenfoto: Markus Bollen, Bensberg
ISBN: 3-451-05033-1

INHALT

EINLEITUNG

In vielen Religionen ist der Glaube an einen persönlichen Schutzengel verbreitet. Schon die frühe Kirche glaubt gemeinsam mit der jüdischen Überlieferung daran, daß Gott jedem Menschen einen Engel zuteilt, der ihn auf allen seinen Wegen begleitet, von der Geburt bis zum Tod und über den Tod hinaus in das Paradies. Noch vor einigen Jahren ist dieser Glaube von der akademischen Theologie belächelt worden. Er sei nur eine kindliche Vorstellung, die aber nichts mit der christlichen Offenbarung zu tun habe. Erstaunlich ist, daß laut einer Umfrage des Magazins „Focus" sehr viele Deutsche an einen persönlichen Schutzengel glauben. Mit dem Glauben an Engel tun sich die Menschen heute offensichtlich leichter als mit dem Glauben an Gott und an Jesus Christus.

In der Esoterik ist es modern geworden, von Engeln zu sprechen, die man sehen kann, die jedem Menschen zur Seite stehen und ihnen wichtige Lehren erteilen, die ihnen helfen, das Leben zu meistern. Engelerscheinungen wecken das Interesse zahlreicher Leserinnen und Leser. Mir scheint jedoch die Esoterik allzusehr um das Außergewöhnliche zu kreisen. Aber immerhin weckt sie mit ihren Engelbüchern, Engelkongressen und Engelseminaren in einer säkularisierten Welt die Neugier der Menschen auf das, was die Banalität ihres Alltags übersteigt. Durch die Engel tritt das Geheimnisvolle in ihr oft so oberflächliches Leben ein.

Wenn ich in diesem Buch davon schreibe, daß jeder Mensch einen Engel hat, dann möchte ich von der biblischen Tradition ausgehen. Ich halte mich an biblische Geschichten von Engeln, die dem Menschen zu Hilfe kommen und ihm den Weg weisen. 24 Geschichten habe ich ausgesucht, die in wunderschönen Bildern beschreiben, wie ein Engel in die Ausweglosigkeit eines Menschen eintritt, wie Engel ihn behüten und beschützen und wie sie ihm die Augen öffnen für den Weg, der ihn zum Leben führt. In diesen Engelgeschichten wird deutlich, daß die Engel den Menschen in keiner Situation allein lassen, daß sie alle seine Wege mitgehen und ihm Schutz und Geborgenheit gerade dort vermitteln, wo er mit seiner Angst alleine ist.

Und ich schreibe über die Engel, die ein jeder von uns hat, auch aus einem therapeutischen Interesse heraus. In vielen Gesprächen habe ich von Menschen gehört, daß ihnen die Vorstellung von dem Engel, der bei ihnen ist, geholfen hat, ihr Leben zu bewältigen. Gerade als Kinder war ihnen das Bild des persönlichen Schutzengels hilfreich. Viele haben als Kinder mit ihrem Schutzengel gelebt. Der Engel, der mit ihnen geht, war für sie genauso real wie die Puppe, mit der sie gespielt haben, oder wie der Teddybär, der sie in den Schlaf begleitet hat. Oft erzählen mir Menschen ihre Lebensgeschichte ausschließlich von den Verletzungen her, die sie erfahren haben. Es ist sicher wichtig, daß wir die Kränkungen anschauen, die uns in unserer Kindheit oder auch später noch krank gemacht haben. Doch ich erlebe auch viele Menschen, die nur noch um ihre Verletzungen kreisen. Da werden immer neue Methoden an-

gepriesen, um an diese frühkindlichen Verwundungen heran-
zukommen. Das erscheint mir schon fast als Sucht, immer
neue Wunden zu entdecken. Da ist für mich die Vorstellung
hilfreich, daß dieser Mensch in seiner Kindheit nicht allein den
kränkenden Menschen ausgeliefert war, sondern daß ihm
auch ein Engel zur Seite gestanden ist, der ihn beschützt hat
und der ihn an die Orte geführt hat, an denen er aufatmen
konnte, an denen er Heilung erfahren durfte. Statt immer wieder in der „Wunde des Ungeliebtseins" (Peter Schellenbaum)
zu bohren, wäre es für uns oft besser, nach den Engelsspuren
in unserem Leben zu suchen. Engelsspuren nenne ich die heilsamen und heilenden Spuren, die in jedem Leben zu finden
sind. Sie entdecke ich, wenn ich mich frage, wo ich mich als
Kind wohlgefühlt habe, wo ich mich vergessen konnte, wo ich
ganz aufgegangen bin in meinem Spielen. Was waren meine
Lieblingsorte? Was habe ich da getan? Was habe ich am liebsten gespielt? Wo war ich ganz in meinem Element? Wenn ich
diesen Spuren nachgehe, werde ich erkennen, daß ich nicht
den kranken und kränkenden Eltern ausgeliefert war, sondern
daß mich schon als Kind ein Engel begleitet hat. Der Engel hat
es mir ermöglicht, daß ich trotz Verletzungen und vieler Man-
gelerfahrungen überlebt habe, daß ich gesund geblieben bin
und meine eigene Lebensspur gefunden habe.

Die Vorstellung, daß jedes Kind einen Engel hat, kann für
Eltern entlastend sein. Viele machen sich oft genug Sorgen, ob
sie ihre Kinder richtig erziehen, ob nicht negative Einflüsse von
außen die Kinder auf den falschen Weg bringen, ob die Verletzungen, die sie unbewußt ihren Kindern zufügen, diese nicht
für immer schädigen. Solche Sorgen und Ängste sind durchaus
berechtigt. Ich erlebe Eltern, die durch psychologische Bücher

völlig verunsichert sind. Sie möchten alles richtig machen und richten sich peinlich genau nach den erteilten Ratschlägen. Aber ihrem eigenen Gefühl trauen sie nicht mehr. Dadurch wird der Umgang mit den Kindern nur noch komplizierter. Es kann sein, daß sie ihre Kinder mehr kränken, gerade weil sie ihre Kinder nicht verletzen wollen, als Eltern, die ihrem natürlichen Instinkt folgen. Die Vorstellung, daß jedes Kind seinen Engel hat, befreit die Eltern von ihrer übertriebenen Sorge. Trotz aller Begrenzungen der Eltern und trotz aller erzieherischen Mängel kann das Kind gesund heranwachsen, weil ein Engel es begleitet und über es wacht.

Das Buch wendet sich aber nicht nur an Eltern, sondern auch an alle, die ihre eigene Kindheit anschauen, sie vielleicht sogar in einer Therapie oder geistlichen Begleitung bearbeiten, um auf Verdrängungen und Verletzungen zu stoßen, die sie am Leben hindern. Manchmal sind diese Menschen verzweifelt. Sie haben schon so oft über ihre Kindheit nachgedacht und mit anderen darüber gesprochen. Sie haben möglicherweise versucht, alles aufzuarbeiten, was da auf ihnen an Belastungen lag. Aber das Wissen allein hilft ihnen nicht weiter. Die Erkenntnis, wo und wann und wie sie verletzt worden sind, heilt ihre Wunden nicht. Im Gegenteil, manche wollen immer mehr wissen über die Kränkungen ihrer Lebensgeschichte, sie wühlen in ihren Wunden und reißen die Narben wieder auf. Es ist für diese Menschen wichtig, auch die Engelsspuren in ihrem Leben zu verfolgen. Sie waren in ihrer Kindheit nicht nur dem alkoholkranken Vater oder der depressiven Mutter ausgeliefert. Sie wurden nicht nur von negativen Botschaften bestimmt wie „Du taugst nichts. Du bist mir eine Last. Am besten wärest du gar nicht da". Auch an ihrer Seite gab es einen Engel, der ihnen einen anderen Lebensraum ermöglichte, in dem sie sich wohl fühlten, in dem sie frei waren vom negativen Einfluß ihrer Umgebung, in dem sie etwas wie Heil und Ganzheit spürten. Sich mit dieser Engelsspur zu beschäftigen, kann genauso heilsam sein wie die Aufarbeitung der Verletzungen. Wenn wir mit unserer Engelsspur in Berührung kommen, werden wir auch wieder fähig, den Engel zu entdecken, der jetzt an unserer Seite geht und der uns heute genauso zum Leben führen möchte wie damals.

Wie die Engel ihre Hand schützend über dem Kind und über jeden Menschen halten, was sie an uns bewirken, das möchte ich anhand der biblischen Engelerscheinungen und Engelbegegnungen beschreiben. Dabei geht es mir nicht um eine exegetische Erklärung dieser Bibelstellen, sondern um ein bildhaftes Ausdeuten auf unsere eigene Erlebniswelt hin. Denn über Engel kann man nur angemessen in Bildern sprechen. Die Bibel hat es uns vorgemacht. Wenn wir uns auf die biblischen Bilder einlassen, werden wir mehr über unsere hilfreichen Engel erfahren als durch theologische Spekulation. Dennoch möchte ich wenigstens kurz auf die theologischen und psychologischen Bedingungen für ein angemessenes Sprechen über die Engel eingehen, um mich auch abzugrenzen von manchen übertriebenen Engelvorstellungen, wie sie heute propagiert werden.

Angemessen sprechen über Engel

In der Esoterik wird heute viel von Engeln gesprochen. Offensichtlich sehnen sich die Menschen danach, die übernatürliche Welt zu sehen und zu erfahren. In die Engelvorstellungen der

Esoterik sind Bilder heidnischer Götter und Göttinnen einge-
flossen, und sie werden geprägt von Erfahrungen sensitiver und
hellsichtiger Menschen. Engel werden der astralen Welt zuge-
ordnet und sind feinstofflicher Natur. Schon in der frühen Kirche übten solche konkreten Engelvorstellungen eine große Fas-
zination aus. Der Autor des Kolosserbriefes warnt daher die
frühen Christen: „Niemand soll euch verachten, der sich in
scheinbarer Demut auf die Verehrung beruft, die er den Engeln
erweist, der mit Visionen prahlt und sich ohne Grund nach
weltlicher Art wichtig macht." (Kol 2, 18) Offensichtlich betrie-
ben die Häretiker, vor denen der Kolosserbrief warnt, einen En-
gelskult und fühlten sich über die Christen erhaben, die sich nur
an Jesus Christus hielten. Solche Überlegenheit spricht heute
aus vielen esoterischen Schriften. Sie wollen mehr wissen, als
man zu wissen vermag. Daher gilt es, von den Engeln so zu
sprechen, wie es der christlichen Tradition angemessen ist.

ANNÄHERUNG VON DER THEOLOGIE

Allerdings sind die Engel in der Theologie der letzten 30 Jahren vernachlässigt worden. Die Theologie sagt, daß die Bibel
die Existenz der Engel voraussetze, aber nicht eigens offen-
bare. Die Engel gehörten einfach zur Vorstellung der damali-
gen Welt, in der die Bibel auch von Gott und seinem Wirken
an den Menschen spreche. Aber eigentlich hätten sie keine Bedeutung. Christliche Theologie käme auch ohne das Sprechen
von den Engeln aus. Gegenüber dieser kritischen Haltung sehen wir in der Geschichte der Theologie und der christlichen
Dogmatik, daß die kirchliche Überlieferung von Engeln als Ge-

schöpfen Gottes redet. Sie sind also von Gott genauso geschaffen wie der Mensch und stehen in seinem Dienst. Und wenn Engel Geschöpfe sind, „dann müssen sie mit dem ganz normalen menschlichen Erkenntnisvermögen erkannt werden können" (Vorgrimler 31). Sie sind geistig-personale Mächte und Gewalten. Von der kirchlichen Lehre her sind die Engel also mehr als nur ein Bild für die heilende und liebende Nähe Gottes. Engel sind Mächte. Sie haben eine Kraft in sich. Und sie haben eine Aufgabe für den Menschen. Als geistig-personale Geschöpfe sind sie von vornherein auf den menschlichen Geist und die Person des Menschen bezogen und wirken auf seinen Geist und seine Personalität ein. Es geht also weniger um sie als isolierte Wesen als in ihrer Beziehung auf den Menschen hin.

Nach dem heiligen Augustinus ist „Engel" eine Bezeichnung für eine Aufgabe, nicht für ein Wesen. Der Engel ist der Bote Gottes, durch den Gott dem Menschen eine Botschaft sendet oder ihn begleitet und etwas in ihm bewirkt. Der Engel kann in einem Menschen zu uns kommen, im Traum oder in unserer Seele. Der Ort, an dem Engel erfahren werden können, ist das menschliche Herz. Die Bibel und die Kirchenväter sind überzeugt, daß der Mensch die Engel immer wieder einmal sehen und erfahren kann. Diese Erfahrungen werden bildhaft beschrieben. Alles genauere Eindringen in das Wesen und das Wirken der Engel, alle menschliche Neugier, der Engel habhaft zu werden, wird von der Kirche zurecht abgelehnt.

Wenn wir die kirchliche Lehre ernst nehmen, so dürfen wir mit gutem Recht von den Engeln sprechen, in denen uns Gott seine Nähe zeigt, durch die Gott selbst an uns wirkt. Gott bedient sich in den Engeln geschaffener Energien. Das können psychische Energien sein, helfende Kräfte unserer Seele, das kann die Fürbitte anderer Menschen sein, das kann auch die liebende Anteilnahme von Verstorbenen sein, die wir geliebt haben. Vorgrimler fragt zurecht: „Sollten solche psychisch-energetischen Kräfte bedeutungslos sein? Es kann nicht falsch sein, auf Gottes Schutz durch solche schützenden Kräfte zu vertrauen." (Vorgrimler 105) Wenn die Engel geschaffene geistige Wesen sind, dann können sie durch die eigenen seelischen Kräfte, durch andere Menschen und in Träumen zu uns kommen, uns das Leben deuten und heilend und helfend auf uns einwirken. Im Engel konkretisiert sich für uns damit Gottes Nähe. Gottes liebende Nähe umgibt mich im Engel in einer geschaffenen Wirklichkeit. Sie wird also für mich erfahrbar, konkret. Ich muß nicht nur an Gottes Nähe glauben. Sie läßt sich auch erfahren: etwa in einem Gedanken, der in mir aufblitzt. Von der christlichen Tradition her ist es legitim, zu sagen, ein Engel habe mir diesen Gedanken eingegeben. Die Bibel spricht vom Engel immer wieder im Zusammenhang mit dem Traum. Im Traum spricht ein Engel zu mir und konkretisiert mir Gottes Botschaft. Eine Frau erzählte mir, daß sie nie daran glauben konnte, daß Gott sie liebe. Wenn sie in einer Predigt hörte oder in einem Buch davon las, daß sie Gottes geliebte Tochter sei, sei das an ihr vorbeigegangen. Doch dann träumte sie davon, daß eine Stimme zu ihr sprach: „Du bist meine geliebte Tochter. An dir habe ich mein Gefallen." Im Traum wurde das Wort Gottes zu einer inneren Wirklichkeit. Sie mußte nicht mehr nur daran glauben. Sie hatte die Wirklichkeit des göttlichen Wortes erfahren. Ein Engel hatte ihr diese Botschaft gebracht, und zwar so, daß sie sie unmittelbar erleben konnte.

Wenn Engel eine geschaffene Wirklichkeit sind, dann können sie auch in Geistwesen auf uns zukommen, die uns umgeben, oder die die Gestalt eines Menschen annehmen. Ein Mensch kann für uns zum Engel werden. Der Mensch ist nicht seinem Wesen nach Engel. Aber in diesem oder jenem Augenblick wird er für mich dazu. In ihm erfahre ich Gottes helfende und liebende Nähe. Eine geschaffene Wirklichkeit ist auch das innere Licht, das manchmal in uns aufblitzt, oder ein inneres Bild, das in uns aufsteigt. Und eine geschaffene Wirklichkeit ist das Bild des Engels, der mich umgibt, das Bild eines leuchtenden Geistwesens. Wir können oft nicht unterscheiden, ob solche Bilder Traumbilder sind oder Visionen oder ob die Engel tatsächlich mit den normalen Augen gesehen werden können. Das ist auch nicht entscheidend. Ob Traumbilder, Visionen oder sichtbare Geistwesen, immer handelt es sich um Erfahrungen, in denen dem Menschen etwas widerfährt, was er als Engel versteht, als Boten Gottes. Im Engel kommt ihm Gottes heilende und schützende Nähe erfahrbar nahe.

Wir müssen nicht an die Engel glauben. Engel sind nicht Gegenstand unseres Glaubens. Glauben können wir nur an Gott. Aber in den Engeln kann sich der Glaube an Gottes Liebe konkretisieren und verdichten. Engel können erfahren werden. Sie verbinden unsere Welt mit der Welt Gottes. In den Engeln reicht Gott in unsere alltägliche Wirklichkeit hinein. Und daher tut es uns gut, von ihnen zu sprechen. Denn Gott ist immer auch der ganz andere, unbegreifliche, unnennbare; er ist das absolute Geheimnis, das wir nie erfassen können. In den Engeln zeigt er uns auf menschliche Weise seine Nähe. Daher dürfen wir von den Engeln sprechen. Aber wir sollen es immer im Zusammenhang mit Gott tun und nicht – wie in der

Esoterik – aus bloßem Interesse am Außergewöhnlichen. Engel sind Boten Gottes. Sie verweisen uns auf Gott. Sie öffnen unsern Blick für das Geheimnis Gottes. Sie stellen die Verbindung her zwischen Himmel und Erde, zwischen Gott und Mensch. Sie steigen auf der Himmelsleiter des Jakob auf und nieder, um Gottes Botschaft in unseren Herzen zu verankern.

ANNÄHERUNGEN VON DER PSYCHOLOGIE

Die evangelische Pastoralpsychologin Ellen Stubbe hat in ihrem Buch „Die Wirklichkeit der Engel in Literatur, Kunst und Religion" die Überlegungen des englischen Kinderanalytikers Donald W. Winnicott aufgegriffen, um heute angemessen von Engeln sprechen zu können. Winnicott spricht von „Übergangsobjekten und Übergangsphänomenen". Er unterscheidet beim Kind eine äußere und innere Welt: Die äußere Welt ist bestimmt von den Eltern, von den Dingen, an denen es sich stößt und für die es sich interessiert. Die innere Welt sind die eigenen Phantasien. Winnicot geht nun davon aus, daß es noch eine „dritte Dimension" gibt. Sie ist ein „Zwischenbereich des Erlebens, zu dem sowohl die innere Realität als auch das äußere Leben beitragen. Es ist ein Bereich, der nicht in Frage gestellt wird" (Stubbe 61), ein Ruheplatz, auf dem das Kind sich ausruhen kann und der ihm hilft, die innere und äußere Realität miteinander zu verbinden. Ein Stofftier, eine Puppe oder ein anderer Gegenstand dienen dem Kind als Übergangsobjekt, das ihm hilft, die Angst vor der Nacht oder vor unbekannten Gefühlen zu überwinden. Dieses Übergangsobjekt ermöglicht es dem Kind, an Geborgenheit und Sicherheit zu glauben, auch wenn die

Mutter abwesend ist – oft genug ist es Ersatz für die abwesende Mutter. Winnicott sieht die beständige Aufgabe des Menschen darin, die innere und äußere Realität miteinander in Beziehung zu setzen. Eine Hilfe von Kindheit an ist der Zwischenbereich des Erlebens: für das Kind das Spiel, in dem es seine Phantasie und seine Illusionen ausdrückt. Für den Erwachsenen wandelt sich dieser Zwischenbereich in Kunst und Religion.

Dies ist der Ort, an dem Ellen Stubbe die angemessene Rede von Engeln ansiedelt. Die Vorstellung von den Engeln hilft dem Kind und später dem Erwachsenen, das eigene Selbst zusammen zu halten. Kinder wie Erwachsene sind davon bedroht, in ihrem Selbst auseinanderzubrechen. Wenn Kinder zu ihrem Engel beten, dann spüren sie unbewußt, daß der Engel das brüchige Selbst zusammenhält, dann fühlen sie sich ganz und wertvoll. Engel, so meint Ellen Stubbe, treten in Situationen auf, in denen innerer und äußerer Zerfall droht. Ihre Wirkung geht „immer in Richtung auf Integration und Ganzheit" (Stubbe 276). Die psychologische Funktion der Engel besteht „zum einen in einer Hilfestellung zum Aufbau eines Selbst, zum anderen in der Bewahrung eines vorhandenen Selbst" (263). Aber Engel schaffen nicht nur das Selbst, sie bringen uns auch in Beziehung zu Gott. Denn das Kind spricht eher von Engeln als von Gott. Und es kann auch für Erwachsene leichter sein, von Engeln zu sprechen als von Gott, der oft genug weit weg erscheint und so abstrakt, daß er nicht erfahren werden kann. Wie der inneren und der äußeren Realität, so gehören Engel auch dem Zwischenbereich an, der die irdische und die himmlische Welt, den konkreten Alltag und den göttlichen Bereich miteinander verbindet. Durch die Vorstellung von Engeln, die uns zur Seite stehen, wird Gottes heilende und liebende Nähe für uns konkret. Engel weisen von vorneherein auf einen Erfahrungshorizont hin. Ich muß nicht an die Engel glauben: Engel erfährt man. Und sie bleiben in ihrer Ambivalenz zwischen Bildhaftigkeit und Realität. Menschen, die uns helfen, bezeichnen wir als Engel. Und wir haben eine Ahnung, daß da in unserem Innern ein Engel waltet, der uns die Augen öffnet für die eigentliche Realität, der unser bedrohtes Selbst zusammenhält, der uns auf unserem Weg begleitet und uns über die Schwelle des Todes ins ewige Licht hineinführt.

Eine andere psychologische Hilfestellung, angemessen über Engel zu sprechen, könnte uns die Psychologie C. G. Jungs bieten. Engel treten bei Kindern ja häufig als Ersatzvorstellungen für die abwesenden Eltern auf. Das Bild des Engels hilft dem Kind, sich trotzdem geborgen zu fühlen. Jung meint, daß Kinder nicht nur die konkrete Mutter und den vorhandenen Vater erleben, sondern daß sie archetypische Bilder von Mutter und Vater in sich tragen. Diese archetypischen Bilder sind die Bedingung dafür, daß das Kind trotz negativer Elternerfahrungen etwas wie Halt und Geborgenheit erleben kann. Sie geben dem Kind eine Ahnung von einer liebenden und sorgenden Mutter und werden von Kindern am liebsten in der Vorstellung von Engeln konkretisiert. Jung schreibt nicht über die Existenz von Engeln, sondern nur über ihre psychische Wirklichkeit. „Wenn die Engel nämlich ETWAS sind, so sind sie personifizierte Übermittler unbewußter Inhalte, die sich zu Worte melden." (Bd 13, 91) Engel übermitteln dem Kind die Erfahrung einer tieferen Geborgenheit, als sie die Eltern bieten können. Sie vermitteln ihm, daß da eine andere Macht ihre schützende Hand über es hält. Das beruhigt seine tiefsitzenden Ängste. Genauso wie Märchen das Kind in Berührung mit der Lebens-

18

quelle des Unbewußten bringen, so auch die Vorstellung von Engeln. Jung schreibt den Engeln einen bedeutsamen Einfluß auf das Bewußtsein zu. Wenn der Mensch die Botschaft der Engel nicht in sein Bewußtsein aufnimmt, so fließt die Energie des Unbewußten „in das Gebiet der Affektivität respektive in die Triebsphäre ab. Daraus entstehen Affektausbrüche, Gereiztheit, Launen und sexuelle Erregungen, wodurch das Bewußtsein gründlichst desorientiert zu werden pflegt." (Bd 13, 91) Für Jung stellt der Engel „eine Gegenposition zum subjektiven Ich" dar. Er steht für „ein Stück der objektiven Psyche" (Bd 11, 660). Der Mensch ist nicht nur ein Ich, sondern in ihm ist eine Welt des Unbewußten, das auf ihn einwirkt. Aus diesem Unbewußten können destruktive Kräfte kommen, die den Menschen bis hin zu Greueltaten treiben, wie sie im Dritten Reich verübt wurden. Aber aus dem Unbewußten treten auch die Engel hervor, die uns eine Ahnung vermitteln von „Schönheit, Güte, Weisheit und Gnade" (Bd 11, 660). Die Erfahrungen von den Tiefen und Höhen der menschlichen Natur berechtigen uns nach Jung, von den Engeln zu sprechen. Engel sind für Jung „spirituelle Führungskräfte der Seele", „archetypische Symbole mit einer spirituellen Energie, die auf das Ich und das Bewußtsein des Menschen eine erschreckende oder heilende Wirkung haben können" (Hark 117).

Auf dem Hintergrund der theologischen und psychologischen Überlegungen zu einem angemessenen Reden über Engel möchte ich nun einige Bilder von Engeln, wie sie die Bibel uns beschreibt, darstellen. Dabei geht es mir nicht so sehr um das Wesen der Engel, sondern um ihre Aufgabe. Und vor allem geht es mir darum, wie die Engel uns auf unserem Weg der Selbstwerdung Anstöße geben, weiter zu gehen, aufzubrechen, aufzustehen, nicht aufzugeben. Und ich gehe von der Vorstellung aus, daß jeder Mensch einen Engel hat. Aber ich verzichte darauf, diesen Engel genauer zu beschreiben. Alles Sprechen über Engel braucht den Raum von Phantasie und Kreativität. Es braucht den Raum des Vertrauens, der von der Erfahrung heilender Nähe geprägt ist. Sowohl Menschen als auch Gott können solchen Raum des Vertrauens eröffnen. In diesem Raum eines ursprünglichen Vertrauens, das bis in die Dimension des Himmels reicht, kann man angemessen über Engel sprechen. Und es braucht die Sprache der Bilder. Nur Bilder können ausdrücken, was Engel sind und wie im Engel und durch den Engel unser Leben heiler und heller wird.

1.

DER SCHUTZENGEL

Im Matthäusevangelium sagt Jesus zu seinen Jüngern: „Seht zu: Verachtet keinen einzigen dieser Kleinen! Ich sage euch nämlich: Ihre Engel sehen in den Himmeln jederzeit das Antlitz meines Vaters in den Himmeln." (Mt 18, 10)

Mit den Kleinen sind nicht nur Kinder gemeint, sondern die unbekannten, unbeachteten, einfachen Menschen in der christlichen Gemeinde. Jesus sagt nun, daß jeder dieser kleinen und verachteten Menschen einen Engel hat, der das Antlitz Gottes schaut. Diese Bibelstelle hat in der Kirche zur Lehre von einem persönlichen Schutzengel geführt. Die Vorstellung von Schutzengeln gibt es in vielen Religionen. Jesus übernimmt hier die jüdische Vorstellung, aber er führt sie auch weiter. Denn im rabbinischen Judentum sind die Schutzengel auf der Erde und können Gottes Antlitz nicht schauen. Jesus will nun sagen, daß jeder Mensch einen Schutzengel hat, der zugleich Gott schaut. Jeder Mensch steht unter dem besonderen Schutz

Gottes, der einen eigenen Boten zu ihm sendet. Die Kirchenväter haben diese Stelle so interpretiert: Von Geburt an hat jeder Mensch seinen persönlichen Schutzengel. Und die Kirche hat an dieser Lehre bis heute festgehalten. Was heißt das? Offensichtlich ist die Kirche davon überzeugt, daß Gott jedem Menschen einen Engel zur Seite stellt. Ja, manche Kirchenväter lehrten sogar, daß die Engel an der Zeugung eines Menschen beteiligt sind (Origines, Tertullian, Klemens von Alexandrien). Der Mensch existiert nicht ohne einen Engel, er ist nicht ganz ohne seinen persönlichen Engel. Die Kirchenväter haben nicht nur dem einzelnen Menschen einen Schutzengel zugewiesen, sondern auch den verschiedenen Völkern, ja den einzelnen Gemeinden. In der Offenbarung des Johannes richtet der Seher seine Botschaft jeweils an den Engel der Gemeinde (Vgl. Offb 2).

Und so hat jedes Kind seinen Schutzengel. Mir erzählen Erwachsene immer wieder, wie wichtig für sie in der Kindheit die Vorstellung vom Schutzengel war. Er gab Halt mitten in einer unsicheren Welt. Kinder haben ein natürliches Gespür für die Wirklichkeit der Engel. Die französische Kinderanalytikerin Francoise Dolto erzählt in ihren Lebenserinnerungen, daß der Umgang mit ihrem Schutzengel ihren Kinderalltag bestimmte. Sie lebte mit ihrem Schutzengel zusammen, als ob er neben ihr wäre: „Wenn ich schlafen ging, legte ich mich nur auf die eine Hälfte des Bettes, um meinem Schutzengel Platz zu lassen, damit er neben mir schlief, und ich ging in meinen Gedanken den Tag durch, der wie immer katastrophal verlaufen war, weil ich angeblich viele Dummheiten machte, aber ich wußte leider nicht, wie ich sie machte und auch nicht, warum ich sie machte, und das bereitete mir großes Kopfzerbrechen." (Stubbe 58) Und sie ist davon überzeugt, daß ihr Schutzengel sie ihr Leben lang nicht verlassen habe. Er tritt jedes Mal zur Stelle, wenn sie einen Parkplatz sucht. Sie meint: „Ein Kinderschutzengel schläft neben dem Kind. Aber ein Erwachsenenschutzengel wacht immer." (Ebd 58)

Eltern können nicht alle Wege des Kindes bewachen. Je mehr sie das Tun und Lassen ihrer Kinder kontrollieren wollen, desto mehr Angst und Aggression erzeugen sie in ihnen. Und gerade Eltern, die alles kontrollieren wollen, müssen oft erleben, daß genau das eintrifft, was sie befürchtet haben. Da hilft der Glaube daran, daß ein Schutzengel das Kind vor Gefahren bewahrt. Aber was sollen Eltern mit diesem Glauben anfangen, wenn ihr Kind auf dem Schulweg von andern geschlagen wird oder wenn es gar sexuellen Mißbrauch erfährt? Der Schutzengel ist nicht für alles zuständig. Wir dürfen ihn nicht überfordern. Das, was wir selbst leisten können, sollten wir auch tun. Vor allem sollten wir klug sein und die Realität dieser Welt richtig einschätzen. Und trotzdem bleibt der „Zwischenbereich", der nicht bedacht oder geregelt werden kann. Da ist es hilfreich, wenn Eltern ihre Kinder ihrem Schutzengel empfehlen. Es entlastet sie von der eigenen Sorge. Denn auch mit all ihren Sorgen können sie nicht dafür garantieren, daß das Kind von der Schule oder vom Kindergarten heil heimkommt oder daß es sich beim Spielen nicht verletzt. Wer aus Angst, daß etwas passieren könnte, das Kind vor allen Gefahren zu schützen versucht, der macht das Kind blind für die wirklichen Gefahren. Ein Kind muß ausprobieren, wozu es fähig ist. Und da kann immer etwas passieren, da kann es seine Grenze falsch einschätzen. Das Vertrauen in den Schutzengel und die nötige Vorsichtsmaßnahmen müssen zusammengehen. Wir können nicht erklären, warum Kinder trotz ihrer Schutzengel in Gefahr geraten und darin umkommen. Wir können zu den Schutzengeln beten. Aber wir haben keine Garantie, daß sie eingreifen. Es ist immer auch göttliche Gnade, über die wir nicht verfügen können, wenn wir die Erfahrung machen dürfen, daß uns ein Schutzengel vor einer Gefahr gerettet hat.

Jeder Erwachsene hat wohl schon einmal die Erfahrung gemacht, daß er nahe daran war, in einer Gefahr Schaden zu erleiden. Da hat er auf der Autobahn überholt, ohne das Auto zu sehen, das schon auf der Überholspur fuhr. Es ist noch einmal gut gegangen. Viele sagen dann spontan: „Ich hatte einen guten Schutzengel." Oder er ist auf einen Stau zugefahren und konnte gerade noch bremsen. Oder sein Wagen hat sich überschlagen, und er ist heil ausgestiegen. Das sind alles Gelegenheiten, in denen wir daran glauben, daß uns ein Schutzengel vor Unheil bewahrt hat. In solchen Augenblicken glauben nicht nur überzeugte Christen an ihren Schutzengel. Da spricht manchmal auch ein Atheist von seinem Schutzengel. Da ahnt er, daß er unter einem größeren Schutz steht, unter einem Schutz, der seiner Macht entzogen ist. So ein Schutzengel schenkt uns Vertrauen, daß wir immer wieder heil ankommen, wenn wir zur Arbeit fahren. Er nimmt uns die Angst vor Aufgaben, die wir zu erledigen haben und die auch mißlingen könnten.

Die Vorstellung vom Schutzengel ist so weit verbreitet, daß sie in jeder menschlichen Seele zu finden ist. Die Juden sprechen davon, die Griechen nennen ihn „daimon", die Römer „genius". Auch wenn heute viele nicht mehr an Gott glauben oder sie sich schwer tun, in eine persönliche Beziehung zu Gott zu treten, so glauben sie doch an Schutzengel. Dieser

Glaube ist eine Art „suchender Glaube" an Gott. Denn wer vom Schutzengel spricht, der weiß, daß er von Gott kommt, daß Gott selbst ihm seinen Schutzengel zur Seite gestellt hat. Aber wer vom Schutzengel spricht, der muß nicht die ganze christliche Dogmatik bekennen. Er drückt damit eine Erfahrung aus, die er immer wieder macht. Diese Erfahrung öffnet ihn für die Dimension der Engel. Engel sind Geschöpfe Gottes; und in unserer Geschöpflichkeit, in einer konkreten Konstellation von Gefahren, beim Autofahren, bei einem Hausbrand, beim Ausrutschen auf der Straße, zeigt sich in den Schutzengeln Gottes heilende Nähe. Der Engel ist eine Konkretisierung Gottes. In ihm wirkt Gott hinein in unseren Alltag. Diesen göttlichen Widerschein in unserem Leben erkennen heute wesentlich mehr Menschen, als die, die Gott ausdrücklich ihren Vater und ihre Mutter nennen.

Jesus sagt nun von den Schutzengeln, daß sie das Antlitz Gottes schauen. Jeder Mensch hat durch seinen Engel eine Beziehung zu Gott. Jeder ist gottunmittelbar. Jeder reicht durch seinen Schutzengel in den Bereich Gottes. Er ist nicht beschränkt auf das Sichtbare und Machbare. Er ist von einem Geheimnis umgeben. Er ist nicht allein, wenn er einsam ist. Er ist nicht verlassen, wenn er ohne Begleitung durch den Wald geht. Die religiöse Sprache, die auch in der Postmoderne für viele durchaus möglich ist, würde die Psychologie so übersetzen: Die Vorstellung vom Schutzengel bringt den Menschen in Berührung mit den schützenden und bewahrenden Kräften seines Unbewußten. Sie hilft ihm, besser auf sich selbst aufzupassen und sich angstfreier auf das Leben einzulassen. Was die Psychologie mühsam erklärt, das ist den meisten Menschen unbewußt klar. Die Menschen leben nicht nur in der Realität ihres kritischen Verstandes, sondern auch im „Zwischenbereich", in dem sie um eine Verbindung von Himmel und Erde, von sichtbarer und unsichtbarer Realität wissen. Und da sie von Kindheit an mit diesem „Zwischenbereich" vertraut sind, verstehen sie unmittelbar die Vorstellungen des Schutzengels. Ohne daß sie kritisch darüber nachdenken, sind sie in der Tiefe ihres Herzens davon überzeugt, daß sie ein Schutzengel begleitet und vor Gefahren bewahrt.

Helmut Hark, evangelischer Pfarrer und Psychotherapeut, arbeitet in seiner Therapie oft mit dem Bild des Schutzengels. In einer therapeutischen Selbsterfahrungsgruppe ließ er die Teilnehmerinnen und Teilnehmer über die persönliche Bedeutung ihres Schutzengels nachdenken. Folgende Antworten kamen da heraus:

„Er behütet auf dem Wege. Er stärkt den Rücken. Er hält Böses von einem fern. Er wirkt in den glücklichen Zufällen. Durch ihn fügen sich die Dinge. Er erscheint in Grenzsituationen. Durch ihn empfange ich Impulse zu guten Taten. Er ist der Zwillingsbruder der Seele. Er ist mein persönlicher Schutzpatron. Durch ihn werde ich manchmal gewarnt. Er ist für mich eine höhere Intelligenz. Er spricht zu mir durch die innere Stimme. Er ist das spirituelle Urbild meiner Seele ... Er inspiriert meine Einbildungskraft. Durch ihn werden heilende Energien wirksam. Durch ihn empfange ich den rettenden Einfall." (Hark 141 f) Diese Sätze zeigen, daß auch Menschen, die der Kirche eher fremd sind, heute eine Ahnung davon haben, daß sie nicht allein gelassen sind. In der Vorstellung, daß ein Schutzengel sie begleitet, sie vor Gefahren warnt und rettend eingreift, drückt sich ihr Glaube an Gottes Schutz und Hilfe aus. Gott können sie sich oft genug nicht vorstellen. Aber im

Engel, da wird Gott für sie konkret. Da reicht Gott in ihre Alltagswelt hinein. Die Vorstellung des persönlichen Schutzengels wirkt in der Therapie oft stärkend und heilend. So berichtet Helmut Hark von einer Frau, die immer wieder von starken Suizid-Gedanken bedrängt wurde. In einem Traum sah sie einen Engel, „der ihr ein neues, bisher nicht gekanntes positives Lebensgefühl vermittelte" (Hark 143). Auf einmal waren die Selbstmordgedanken wie weggeblasen. Hark spricht von den spirituellen Energien des Schutzengels, die oft selbstzerstörerische Lebensmuster durchbrechen und heilen.

Der Glaube an den persönlichen Schutzengel ist mehr als die kindliche Vorstellung eines niedlichen Engels, der mich überallhin begleitet. Wenn wir als Erwachsene an unseren Schutzengel glauben, dann werden wir nicht nur unsere Ängste vor den alltäglichen Gefahren auf der Straße und im Beruf und vor bedrohlichen Krankheiten überwinden. Der Schutzengel wird uns auch das Gefühl vermitteln, daß wir durch unsere persönlichen Krisen gestärkt hindurchkommen. Und wer sich – vielleicht in einer Therapie – mit der Geschichte seiner Verletzungen befaßt und manchmal ratlos ist, wie er aus den Verstrickungen der Kindheit herauskommen kann, der wird immer wieder die heilende Wirkung seines Schutzengels erfahren. Das intellektuelle Erfassen unserer Kränkungen macht uns ja noch nicht gesund. Manche verzweifeln dann an sich und ihren lebensgeschichtlichen Belastungen. Der Glaube an den Schutzengel läßt uns darauf vertrauen, daß mitten in diesem therapeutischen Prozeß dann etwas wie ein Wunder geschieht, daß da in der Tiefe der Seele eine heilende Kraft aufsteigt, daß ein Engel uns im Traum erscheint und uns eine tiefe Einsicht vermittelt oder daß auf einmal die Angst oder der

Selbstmordgedanke verschwindet, ohne daß wir wissen, warum. Der Glaube an den Schutzengel befreit uns von der Fixierung auf die krankmachenden Faktoren unserer Lebensgeschichte. Er läßt uns auch die heilenden Energien entdecken, die in uns sind. Der Schutzengel hat uns schon in der Kindheit begleitet und uns bewahrt. Und er ist jetzt bei uns und in uns und wirkt heute schützend und heilend auf uns ein.

2.

DER ENGEL, DER DAS SCHREIEN DES KINDES HÖRT

Die erste biblische Geschichte, in der ein Engel eine entscheidende Rolle spielt, ist die Erzählung von Hagar, der Magd Abrahams. Weil die Frau Abrahams, Sarai, keine Kinder bekommt, geht Abraham zu Hagar. Und sie wird schwanger von ihm. Doch Sarai wird eifersüchtig und behandelt Hagar so hart, daß sie in die Wüste flieht. Dort findet sie der Engel des Herrn und fragt sie: „Hagar, Magd Sarais, woher kommst du, und wohin gehst du?" (Gen 16, 8) Und er schickt sie zu Sarai zurück. Sie soll die harte Behandlung ertragen, denn sie steht unter der Verheißung, daß ihr Sohn Ismael eine zahlreiche Nachkommenschaft haben und erfolgreich sein werde. Hagar nennt den Ort, an dem ihr der Engel des Herrn erscheint: „El-Roi (Gott, der nach mir schaut)" (Gen 16, 13).

Es ist eine archetypische Situation, in die Hagar da geraten ist. Sie fühlt sich verstoßen und von allen verlassen. Abraham, von dem sie schwanger ist, liefert sie der Willkür Sarais aus. Sie hat niemanden, der für sie eintritt. Da sieht sie der Engel und tritt zu ihr. Auch wenn Menschen sie verlassen, der Engel sieht ihr Elend und läßt sie nicht allein. Solche Erfahrungen machen Kinder immer wieder. Sie fühlen sich nicht verstanden von den Eltern. Eltern schimpfen, wegen belangloser Dinge schlagen sie gar. In der geistlichen Begleitung erzählen mir Erwachsene, wie sie sich als Kinder überhaupt nicht auskannten. Alles, was sie machten, war verkehrt. Der Vater reagierte völlig willkürlich. Sie konnten nie wissen, was sie eigentlich tun oder sagen sollten. Alles konnte einen Wutausbruch des Vaters auslösen. Solche Kinder fühlen sich allein gelassen, der Willkür preisgegeben.

Die normale Reaktion wäre, die Gefühle abzuschneiden und einfach nur noch zu funktionieren. Doch Gott sei Dank gibt es da noch andere Reaktionsweisen. Kinder suchen sich ihren Bereich, in dem sie sich vergessen können, in dem sie sich wohlfühlen, in dem sie ganz eins sind mit sich. Man könnte solche hilfreichen Reaktionen auch als Werk des Engels bezeichnen, der nach dem Kind sieht. Der Engel führt das Kind an Orte, an denen es sich geschützt weiß, an denen die Grausamkeit und die Willkür der Eltern es nicht erreichen, an denen es nicht verletzt werden kann. Dort fühlen die Kinder sich heil und ganz. Dort kommen sie in Berührung mit der inneren Quelle. Dort erkennen sie wie Hagar den Brunnen, aus dem sie trinken können. Hagar nennt diesen Brunnen „Beer-Lahai-Roi (Brunnen des Lebendigen, der nach mir schaut)" (Gen 16, 14). Für manche Kinder ist es die Kirche, in der sie Geborgenheit erfahren. Für andere ist es die Bettdecke, die sie über den Kopf ziehen, um sich sicher zu fühlen. Oder sie bauen sich Burgen, in die sie sich zurückziehen, oder vielleicht Höhlen im Heu oder Stroh. Dort erfahren sie den schützenden Mutterschoß. Andere nehmen ihr Kuscheltier, um mit ihm zu sprechen. Oder sie streicheln ihren Hund und sagen ihm, was sie bedrückt. Da wissen sie sich verstanden. Manchmal erschrecke ich vor den Kindheitserlebnissen, die mir erzählt werden. Aber der Glaube, daß diese Menschen auch als Kind nicht völlig allein waren, daß da ein Engel sie sah und sie ansprach, daß ein Engel sie an die innere Quelle führte, an den Ort, an dem sie aufatmen konnten, gibt mir Vertrauen, daß auch so verletzte Menschen noch einen Weg in ihrem Leben finden.

Der Engel unserer Geschichte schickt Hagar wieder zurück zu Sarai. Sie soll ihre harte Behandlung ertragen. Denn sie steht ja unter einer Verheißung. Solche Botschaften gibt der Engel dem alleingelassenen und ungerecht behandelten Kind auch. Weil es unter einer Verheißung steht, weil das Kind in seinen Spielen noch von einer andern Welt weiß, in der es wichtig ist, in der es kreativ ist und Neues selbst erschaffen kann, darum kann es immer wieder zurück gehen in das Elternhaus und kann die Schwierigkeiten ertragen. Für Menschen, die in der Therapie oder geistlichen Begleitung die Verletzungen ihrer Kindheit anschauen, ist es hilfreich, die Engelsspuren in ihrer Geschichte zu entdecken. Wenn sie allen über ihre schlimmen Erfahrungen berichten, geht es ihnen nur noch schlechter. Das Erzählen kann zwar entlasten; aber manchmal belastet es uns auch. Daher lade ich meine Gesprächspartner ein, zu erzählen, wo sie solche Orte in ihrem Leben erfahren haben, an denen sie ganz im Einklang mit sich waren, an denen sie sich wohl fühlten, geschützt, geborgen, daheim. Indem sie ihren Blick auf solche „Engelerfahrungen und Engelsorte" richten, kann ein neues Vertrauen in ihnen wachsen. Sie erkennen, daß auch in ihrer Kindheit ein Engel war, der ihre Not gesehen und ihnen die nötige Kraft gegeben hat, die Härten zu ertragen. Und wenn der Erwachsene wieder mit seinem Engel in Berührung kommt, wird er anders mit seiner verwundeten Lebensgeschichte umgehen. Er wird die Verheißung erkennen, unter der er steht, die andere Welt, in die er schon als Kind eingetaucht war, die heilenden Kräfte, die vom Engel ausgingen und stärker waren als die verletzenden Schläge.

Eine junge Frau erzählte mir, daß sie sich als Kind immer nach der Liebe der Mutter gesehnt habe. Aber sie hat diese Liebe nie wirklich erfahren, wenigstens nie so, wie sie sie sich erhofft hatte. Lange ist sie dieser Liebe nachgelaufen und ist immer wieder enttäuscht worden. Sie wurde magersüchtig, um der Mutter ihre mangelnde Liebe „heimzuzahlen". Als ich sie nach ihren Engelsspuren fragte, erzählte sie spontan, wie sie als Kind oft gespielt und im Spielen sich eine eigene Welt aufgebaut hat. Sie hat den Spielkameraden und Freundinnen dann eine Regieanweisung gegeben, was sie spielen sollen. Gasthaus und Gastwirtschaft war oft das Thema ihrer Spiele. Sie selbst hat dabei immer wieder die Wirtin gespielt. Als sie sich in diese Rolle hineinspürte, wurde ihr klar, welch heilende Rolle sie sich da ausgesucht hatte. Die Wirtin umsorgt die Gäste, sie gibt ihnen das Gefühl, daß sie wichtig sind, daß man alles für ihr Wohlergehen tut. Die Gäste sind im Gasthaus willkommen, und sie sollen sich wohlfühlen. So war die Wirtin ein Engel für das Kind. Es hat diesen Engel selbst gespielt. Jetzt als Erwachsene könnte sie versuchen, mit diesem Engel in Berührung zu kommen und für sich selbst gut zu sorgen, anstatt immer nach der Liebe der Mutter Ausschau zu halten. Die

Engelsspur in ihrem Leben läßt sie die Liebe erfahren, die sie sich selbst geben kann. In ihr ist ein Engel, der für sie sorgt. Wenn sie diesem Engel traut, braucht sie nicht mehr um die Liebe der Mutter buhlen. Es ist genügend Liebe in ihr. In ihr ist die Wirtin, die ihr ein gastliches Haus bereitet, in dem sie alles vorfindet, was sie zum Leben braucht. Sie hat einen Engel bei sich, der sie immer an den Brunnen führt, an dem „der Lebendige nach mir schaut" (Gen 16,14).

Die Geschichte Hagars geht weiter. Später, nach der Geburt, kann Sarai es nicht ertragen, daß der Sohn Hagars umhertollt. Sie kann die Lebendigkeit und Freude dieses Kindes nicht mit ansehen. So geht es leider auch heute noch Eltern, die die Lebhaftigkeit ihres Kindes nicht ertragen können. Anstatt sich über ihre Lebendigkeit zu freuen, schicken sie das Kind in die Wüste wie Sarai Hagar. Sie wenden sich von ihm ab und lassen es allein in der Wüste der Isolierung und Reglementierung, der Nichtbeachtung und der Vernachlässigung. Dort droht es zu verhungern und zu verdursten. Und es irrt umher. Es ist völlig verwirrt. Die Verletzung etwa durch den Vater, den es so sehr liebt, führt zu einer Gefühlsverwirrung. Das Kind kennt sich gar nicht mehr aus. In seiner Verwirrung hat es keine Chance mehr im Leben. Als Hagar kein Wasser mehr hat, wirft sie ihren Sohn unter einen Strauch und setzt sich abseits hin. Sie sagt sich: „Ich kann nicht mit ansehen, wie das Kind stirbt." (Gen 21,16) Da ruft ihr der Engel des Herrn zu: „Was hast du, Hagar? Fürchte dich nicht, Gott hat den Knaben dort schreien gehört, wo er liegt. Steh auf, nimm den Knaben, und halt ihn fest an deiner Hand; denn zu einem großen Volk will ich ihn machen." (Gen 21,17f) Und der Engel öffnet ihr die Augen, so daß sie den Brunnen sieht, der in der Nähe ist. „Gott war mit dem Knaben. Er wuchs heran, ließ sich in der Wüste nieder und wurde ein Bogenschütze." (Gen 21,20)

Ähnliche Situationen wie Hagar erleben heute viele Mütter. Sie können nicht mit ansehen, wenn der Vater das Kind in die Wüste schickt, wenn der Vater zu schwach ist, um dem Kind den Rücken zu stärken, wenn der Vater seine eigenen Bedürfnisse am Kind auslebt. Mütter können das Schreien des Kindes nicht mit anhören, wenn es verdurstet und verhungert, weil es vom Vater nicht bekommt, wonach es sich sehnt. Hagars und Ismaels Geschichte sagt uns, daß das Kind trotzdem nicht allein gelassen ist. Ein Engel sieht es. Der Engel hört das Schreien des Kindes. Das ist eine tröstliche Botschaft: Der Engel hat nicht nur unser Weinen und unser lautes und manchmal auch nur stummes Schreien als Kind gehört. Er hört uns genauso, wenn wir heute schreien. Ismael scheint keine Chance zu haben. Er ist allein in der Wüste, unter einem Strauch. Er geht in der Gluthitze der Wüste zugrunde. Der Engel, der sein Schreien hört, zeigt Hagar, seiner Mutter, den Brunnen. Dort, wo wir nur noch schreien und keinen Ausweg sehen, dort ist immer auch ein Brunnen in der Nähe, aus dem wir wieder trinken können, um uns zu stärken. Vielleicht sehen wir ihn nicht. Wir brauchen dann einen Engel, der uns die Augen öffnet, damit wir nicht blind werden vor Schreien, sondern die Hilfen erkennen, die uns zur Verfügung stehen. Es können Menschen sein in unserer Nähe. Es kann ein Ort sein, an dem wir wieder auftanken, ein Kloster, eine Kirche, ein Wallfahrtsort oder auch eine ganz bestimmte Wiese oder ein Waldstück, in dem wir uns geborgen fühlen. Es kann auch ein Brunnen in unserem Innern sein, eine Quelle in uns, von der wir uns abgeschnitten fühlten. Auf einmal kommen wir wieder in Berührung mit dieser inneren Quelle. Und unser Leben blüht auf.

Wir entfalten unsere Fähigkeiten, so wie Ismael seine Fähigkeiten als Bogenschütze entdeckt und gelebt hat. Ismael wird zu einem großen Volk. Er entfaltet die vielen Möglichkeiten, die in ihm stecken. Er wird Bogenschütze. Der Bogenschütze, der mit Pfeil und Bogen umzugehen versteht, ist ein Symbol für die Lebenskraft und die Schnelligkeit eines Menschen. Der Bogen verbindet immer zwei Pole miteinander, er verbindet Himmel und Erde, Gott und Mensch. Und er macht uns zu einem ganzen Menschen, in dem die Gegensätze miteinander verbunden sind und zu einer gesunden Spannung werden, die den Pfeil ans Ziel bringen. Mit dem Bogen können wir ein guter Schütze werden, einer, der das Ziel trifft, der richtig zielt, der nicht an sich vorbeilebt, dem das Leben gelingt. Im Buddhismus gibt es das Bild: Der Mensch schießt von seinem Bogen aus den Pfeil seines Ichs durch das Nichtwissen hindurch auf das wahre und höchste Sein, um mit ihm eins zu werden. Der Bogenschütze steht also für den spirituellen Menschen, der sich mit Gott vereinigen möchte. So bringt uns der Engel mitten in unserer Wüste in Berührung mit unserer spirituellen Sehnsucht, die uns über die aussichtslose Lage hinausführt in den göttlichen Bereich, in dem wir Geborgenheit und Heimat, Freiheit und absolute Liebe erfahren. Oft erkennen wir erst in der aussichtslosen Lage, wozu wir fähig sind und was unser wahres Wesen ist. Aber wir brauchen den Engel, der unser Schreien hört. Wir brauchen Menschen, die keine Angst haben vor unserem Schreien. Und wir brauchen den inneren Engel, der das Rufen unserer Seele hört und darauf antwortet.

In der Begleitung von sexuell mißbrauchten Frauen taucht in mir oft die Frage auf: Warum hat denn niemand ihr Schreien gehört? Die Mutter wollte nicht die Schreie des Kindes hören. Auf zaghafte Versuche, die innere Not zu offenbaren, antwortet sie, der Onkel sei doch immer so gut zu allen. Dem dürfe man doch so etwas nicht andichten. Irgendwann sind dann die Schreie des Kindes verstummt. Die Frauen haben ihre Verletzung in sich vergraben. Sie sind zur Tagesordnung übergegangen. Aber sie haben sich selbst vom Leben abgeschnitten. Sie wollten nur noch überleben und funktionieren, damit sie sich dem Schmerz nicht mehr stellen müssen. Doch irgendwann bricht der Schrei wieder aus ihnen heraus. Es ist ein Engel, der sie anrührt, damit sie ihr eigenes Schreien nicht überhören. Sie sollen sich dieser Verletzung stellen. Woher nehmen sie den Mut? Wenn ein anderer sie begleitet, wenn er ohne Angst zuhören kann, was sie an Schrecklichem erzählen, dann erleben sie den Engel, der Hagar in der Wüste angesprochen hat. Der Engel begegnet ihnen in Menschen, die sie auf den Brunnen verweisen, der in ihnen verborgen ist. Der Engel kann ihnen aber auch in der eigenen Kraft begegnen, die auf einmal in ihnen aufbricht. In ihrem Herzen taucht da auf einmal der Engel auf, der sie auf die Quelle weist, die in ihnen sprudelt, auf die Quelle, aus der sie schöpfen können, um sich zu regenerieren, um über die alten Wunden hinauszuwachsen. Der Engel verheißt ihnen, daß sie trotz aller Verletzungen zu einem großen Volk werden und zu einem Bogenschützen, daß ihr Leben gelingen wird, daß sie das Ziel ihrer Sehnsucht erreichen. Wir dürfen in der geistlichen Begleitung und in der Therapie nicht immer nur die Wunden anschauen. Wir dürfen nicht beim Schreien stehen bleiben, so wichtig es auch sein kann, seinen Schmerz erst einmal herauszuschreien. Aber wir sollten genauso nach dem Engel Ausschau halten, der unser Schreien hört und uns auf den Brunnen hinweist, der in uns ist. Wenn wir unsern Schlauch mit dem frischen Quellwasser unseres inneren Brunnens füllen, dann wird unser Durst gelöscht, und unser Schreien verstummt.

3.

DER ENGEL, DER DEN HIMMEL ÖFFNET

Jakob flieht vor seinem Bruder Esau. Er hat Angst, daß sein Bruder ihn ermorden könnte. Esau ist stärker als er. Während Jakob auf seinen schlauen Verstand vertraut, hat Esau seine Muskelkraft entwickelt. Esau kann seinem Bruder nicht verzeihen, daß er ihm das Erstgeburtsrecht genommen und den Segen des Vaters erschlichen hat. Jetzt ist Jakob auf der Flucht. Mitten in der Wüste will er übernachten und nimmt sich einen Stein als Kopfkissen. Da hat er einen Traum: „Er sah eine Treppe, die auf der Erde stand und bis zum Himmel reichte. Auf ihr stiegen Engel Gottes auf und nieder." (Gen 28, 12) Und oben auf der Treppe steht Gott und verheißt ihm: „Ich bin mit dir, ich behüte dich, wohin du auch gehst, und bringe dich zurück in dieses Land. Denn ich verlasse dich nicht, bis ich vollbringe, was ich dir versprochen habe." (Gen 28, 15) Himmel und Erde verbinden Engel hier. Sie öffnen den Himmel über dem, dem er auf der Flucht eher verhangen oder verschlossen schien. Auf einmal wird sein

Leben wieder weit. Es bekommt einen größeren Horizont. Jakob weiß, daß sein Leben gelingen wird, daß Gott mit ihm sein wird und an ihm seine Verheißungen erfüllen wird.

Oft genug erleben wir uns auf der Flucht. Die Bibel kennt viele Fluchtgeschichten. Doch hier geht es um eine ganz besondere Weise, vor etwas davon zu laufen. Jakob läuft vor dem eigenen Schatten davon. Denn Esau ist der dunkle Bruder, der Schatten, den Jakob bisher nicht wahrgenommen hatte. Flucht ist sicher kein guter Weg, mit dem Schatten umzugehen. Denn der Schatten wird uns in jedem Fall einholen. Wir können ihm nicht entrinnen. Jeder Psychologe sagt uns, daß es wichtig ist, den eigenen Schatten zu integrieren. Sonst fehlt uns ein wesentliches Stück unserer Seele. Aber Jakob integriert nicht, er flieht. Er muß erst durch eine lange Schule gehen, bis er im nächtlichen Zweikampf mit dem dunklen Mann am Jabbok seinen Schatten annehmen und darin Gott selbst begegnen wird. Zunächst ist er auf der Flucht. Und Gott läßt ihn auch auf der Flucht nicht allein. Auch die Flucht darf sein. Die Engel, die Jakob im Traum erscheinen, öffnen ihm mitten auf seiner Flucht den Himmel. Das hat für mich zwei Bedeutungen: Einmal können wir den Schatten nicht integrieren, wenn uns nicht ein größerer Horizont gezeigt wird, wenn uns der Engel nicht den Himmel über uns öffnet. Wir brauchen ein Ziel, um unseren Schatten annehmen zu können. Wer auf seinen Schatten fixiert bleibt, muß davonlaufen. Denn der Schatten macht ihm Angst. Erst wenn er angesichts des offenen Himmels auf den Schatten sieht, erscheint er nicht mehr so bedrohlich. Der offene Himmel wirft sein Licht auch über den Schatten.

Zum andern ist es eine häufige Erfahrung, daß uns gerade dort, wo wir innerlich am Ende sind, ein Engel den Himmel öffnet und unser Leben wieder auf Gott hin durchlässig erscheinen läßt. Dort, wo wir nichts mehr erhoffen, dort tritt ein Engel in unser Leben und läßt uns alles in einem andern Licht erkennen. Die ausweglose Krise wird für viele zum Ort, an dem sie einen spirituellen Weg entdecken. Der spirituelle Weg ist aber kein billiger Ausweg, kein Überspringen der eigenen Krise, sondern der einzige Weg, der wirklich weiter führt. Wenn nach außen hin nichts mehr geht, dann können wir nur auf dem inneren Weg weiter schreiten, so daß unser Leben wieder gelingt. Dann entdecken wir auf dem inneren Weg unser wahres Selbst, das uns einen Ausweg weist aus der Sackgasse, in die wir geraten sind.

Auch für Kinder haben Engel die Funktion, ihnen den Himmel zu öffnen. Kindern in einer zerrütteten Familie erscheint das Leben oft eher als Wüste und Hölle. Aber in der Hölle kann keiner ewig leben. Sie können darin nur aushalten, wenn ihnen der Engel immer wieder den Himmel öffnet. Der Engel wählt viele Wege, dem Kind den Himmel zu öffnen. Da kann sich ein Kind, das daheim die Hölle erlebt, sich königlich an einer schönen Blume erfreuen. Oder es streichelt voller Liebe die Katze oder den Haushund. Ein anderes Kind kann sich vergessen, wenn es spielt. Da öffnet sich der Himmel über ihm. Da reicht ein anderer Horizont hinein in sein Leben. Für ein anderes Kind ist es der Gottesdienst, in den es gerne geht. Dort werden Lieder gesungen, die es in den Himmel versetzen. Da wird sein Herz angerührt. Da öffnet sich etwas, da tut sich eine Türe auf, und die Seele wird weit. Kinder reflektieren darüber nicht. Sie suchen spontan die Orte auf, die ihr Leben mit dem Himmel verbinden, an denen eine Himmelsleiter steht, auf der die Engel auf und niedersteigen. An solchen Orten erfahren sie, daß sie nicht allein ist, daß Gott mit ihnen gehen wird und daß Gott dafür sorgen wird, daß ihr Leben gelingt.

Der Stein, den Jakob als Kopfkissen wählte, kann ein Bild sein für die vielen Stolpersteine, die uns im Weg liegen, an denen wir uns stoßen, über die wir fallen. Der Engel verwandelt den Stolperstein in einen Stein, auf dem die Himmelsleiter steht und die Erde mit dem Himmel verbindet. Dort, wo wir stolpern, dort, wo wir fallen und scheitern, kann ein Engel uns den Himmel öffnen. Dort, wo andere Menschen uns einen Stein in den Weg legen, kann sich unser Horizont weiten. Und wir sehen das Ziel unseres Lebens. Nicht umsonst nimmt Jakob am Ende der Geschichte den Stein, stellt ihn zum Gedenkstein auf und salbt ihn mit Öl. Er wird für ihn zum Erinnerungsstein, daß Gott zu ihm gesprochen und ihm das Gelingen des Weges verheißen hat. Auf den harten Stein gießt Jakob Öl. Er geht sanft und zärtlich mit dem Steinigen und Sperrigen in seinem Leben um. Dadurch wird das Harte zu einem Ort der Fruchtbarkeit, zu einem Ort, an dem etwas in uns wachsen und heranreifen kann. Und der Stein wird zu einem Zeichen für den göttlichen Segen, der gerade dort über uns ausgegossen wurde, wo alles in uns versteinert war. Wir sehen oft erst im nachhinein, daß manche Stolpersteine zu Segenssteinen geworden sind. Im Augenblick, da wir fallen, schimpfen wir nur über diesen Stein. Aber irgendwann erkennen wir, daß gerade an diesem Stein etwas Neues in uns aufgebrochen ist und ein Reifungsprozeß in uns begonnen hat. Die Geschichte Jakobs will uns zeigen, daß der Engel auch dort bei uns ist, wo wir stolpern, und daß er uns gerade dort, wo wir auf die Nase fallen, den Himmel über uns öffnet und uns mit göttlichem Segen erfüllt.

4.

DER ENGEL, DER DAS OPFER VERHINDERT

Abraham wird von Gott auf die Probe gestellt. Er soll seinen Sohn Isaak als Brandopfer darbringen. Er macht sich mit seinem Sohn auf den Weg, besteigt den Berg, fesselt Isaak und legt ihn auf den Altar. Gerade will er seine Hand ausstrecken, um seinen einzigen Sohn zu schlachten. Da ruft ihn der Engel des Herrn bei seinem Namen und befiehlt ihm: „Streck deine Hand nicht gegen den Knaben aus, und tu ihm nichts zuleide! Denn jetzt weiß ich, daß du Gott fürchtest; du hast mir deinen einzigen Sohn nicht vorenthalten." (Gen 22, 12) Es ist eine schwierige Geschichte, die bei den Zuhörern immer wieder Empörung auslöst. Wie kann Gott von Abraham verlangen, daß er seinen Sohn opfert? Ist das nicht ein grausamer Gott? Man kann diese Geschichte auf verschiedene Weise auslegen. Da wäre die Auslegung auf der Subjektstufe. Dann würde sie bedeuten, daß ich das Liebste, das ich habe, nicht festhalten kann, daß ich es immer wieder loslassen muß. Nur so werde ich innerlich auf meinem Weg weiter kommen. Ich darf nichts zum Götzen werden lassen zwischen mir und meinem Gott, selbst das Kostbarste nicht, das ich in mir spüre. Ich möchte aber die Geschichte vom Opfer Abrahams nur vom Aspekt des Engels her deuten.

Dann könnte man sich fragen, ob Gott wirklich das Opfer Isaaks verlangt hat. Vielleicht hat Abraham nur gedacht, daß Gott den Tod seines Sohnes möchte. Vielleicht war sein Gottesbild noch unvollkommen. So deuten es viele Exegeten, die meinen, die Geschichte zeige, daß in Israel Menschenopfer nicht mehr möglich seien. Das Gottesbild habe sich gewandelt. Für mich ist es keine längst vergangene Geschichte. Ich erlebe immer wieder Eltern, die meinen, sie würden Gott einen Gefallen tun, wenn sie ihre Kinder „opfern". Natürlich opfern sie sie nicht auf dem Brandopferaltar. Aber sie opfern sie auf dem Altar ihres Rigorismus und Moralismus. Da ist es für die Eltern das Wichtigste, daß sie Gottes Willen erfüllen, daß sie alle seine Gebote halten. Aber sie merken gar nicht, daß es nicht Gottes Gebote sind, die sie erfüllen, sondern die Gebote ihrer eigenen Angst und Enge. Weil sie nur auf ihre Gebote fixiert sind, bringen sie ihr Kind zum Opfer. Es erlebt nur die Kälte von Eltern, die ängstlich darauf bedacht sind, nach Gottes Willen zu leben, die aber gar kein Gespür für die Bedürfnisse des Kindes haben. Da wird dem Kind Höllenangst eingejagt, wenn es bei sexuellen Spielen erwischt wird. Die Höllenpredigt vermittelt dem Kind das Gefühl, ganz und gar verdorben zu sein und auf ewig der Verdammnis zu verfallen. Auf diese Weise wird ein Kind zum Opfer.

Doch es gibt nicht nur die rigorosen Gottesbilder, die das Kind opfern. Es sind auch die vielen Götzen, die für manche

44

Eltern wichtiger sind als die eigenen Kinder. Da ist der Götze Geld oder Karriere. Da ist der Götze des Vergnügens, das man sich nicht entgehen lassen kann. Wenn solche Götzen das Leben der Eltern bestimmen, wird das Kind auch zum Opfer gebracht. Es wird noch geduldet, aber sein Lebensraum wird nicht gewürdigt. Es wird abgeschoben, damit man seine eigenen Ziele verfolgen kann. Andere bringen ihr Kind auf dem Altar ihres Ehrgeizes zum Opfer. Das Kind muß all das verwirklichen, was die Eltern versäumt haben. Es muß in die Ballettstunde gehen, ein Musikinstrument lernen und zugleich Reitunterricht nehmen. Es braucht überall Nachhilfeunterricht, damit es eine gute Abiturnote bekommt und Medizin studieren kann. Es hat keinen Zweck, auf diese Eltern zu schimpfen. Sie brauchen einen Engel, der ihnen in den ausgestreckten Arm fällt, um sie daran zu hindern, ihr Kind zu opfern. Die Abrahamsgeschichte gibt uns Hoffnung, daß auch dort, wo Eltern dabei sind ihr Kind zum Opfer zu bringen, ein Engel eingreift und sie zur Einsicht bringt. Ein Engel, der ihnen bewußt macht, was sie eigentlich tun, und der ihnen die Augen öffnet, damit sie sehen, was sie opfern sollen. Sie sollen den Widder opfern, der sich mit seinen Hörnern im Gestrüpp verfangen hat. Der Widder gilt als Symbol der Kraft. Anstelle des hilflosen Kindes sollten sie ein Stück ihrer Kraft opfern, ein Stück ihres Erfolgs, ihres Ehrgeizes, ihrer Leistungsfähigkeit nach außen, damit ihr Kind leben kann. Wenn die Eltern nur um die eigene Leistung kreisen, kommt das Kind zu kurz.

In dieser Geschichte schützt der Engel das Kind, indem er dem Vater in den Arm greift. So belehrt der Engel, der das Kind begleitet, die Eltern. Das Kind hat etwas an sich, das den Teufelskreis der elterlichen Opferrituale durchbricht. Das Kind, das wie Isaak hilflos erscheint, ohnmächtig dem Willen des Vaters ausgeliefert, hat einen Engel, der immer wieder eingreift, wenn die Eltern auf ihr Opferritual fixiert sind. Wenn in der Kindheit verletzte Erwachsene zurückblicken, so werden sie immer wieder solche Engel entdecken, die die Eltern davor bewahrt haben, das Kind zu schlachten. Engel haben den Jähzorn des Vaters gebremst. Sie haben die Schläge der Mutter gemildert. Sie haben in die rigorosen Gottesbilder und in die Götzenverehrung immer wieder Breschen geschlagen, so daß das Kind doch leben konnte.

Verena Kast hat in ihrem Buch „Abschied von der Opferrolle. Das eigene Leben leben" Menschen beschrieben, die sich zeit ihres Lebens als Opfer fühlen und in ihrer Opferposition beharren. Sie verdrängen ihre Aggressionen, vermeiden Konflikte und haben den Eindruck, daß sie hilflos den Aggressionen anderer ausgeliefert sind. Sie bleiben passiv und weigern sich, ihr Leben selbst in die Hand zu nehmen. Sie ziehen sich zurück, haben Angst vor Veränderung und stecken fest. „Es geht nichts mehr, und es darf auch nichts mehr gehen. Auf diese Weise wird das Thema des Opfers das Wichtigste im Leben." (Kast 94) Der Engel befreit Isaak aus der Opferrolle. Er löst die Fesseln, die ihn auf den Brandopferaltar binden. Und der Engel befreit Abraham von seiner Rolle als Aggressor. Im Widder opfert er etwas von seiner eigenen Kraft. Auf diese Weise kann Isaak leben. Wenn sich ein Kind hilflos fühlt, ist es leicht in Gefahr, in die Opferrolle zu schlüpfen. Es wird dann apathisch, es gibt sich mit allem zufrieden. Aber es lebt nicht wirklich. Die Geschichte vom Opfer Abrahams läßt uns hoffen, daß auch bei Kindern, die nach außen hin kaum eine

Chance haben, aus ihrer Opferrolle auszubrechen, ein Engel eingreift. Der Engel ist bei dem Kind, wenn es sich gegen die Aggressionen der Eltern wehrt. Der Engel ist bei dem Kind, das sich dem Brüllen des alkoholkranken Vaters entzieht, indem es in den Garten rennt und sich auf den Holzschwan setzt, den der Großvater geschreinert hat. Dort singt es Lieder. Es befreit sich auf diese Weise von der bedrohlichen Willkür des Vaters und kommt mit seiner eigenen Kraft in Berührung. Der Engel ist bei dem Kind, das sich nicht zufrieden gibt mit der dumpfen Atmosphäre daheim und sich den Freunden zugesellt, bei denen es seine Lebendigkeit ausagieren kann. Was gibt einem Kind und auch einem Erwachsenen die Kraft, sich von den Fesseln der Opferrolle zu befreien? Ist es ein spontaner Einfall? Sind es die gesunden Anteile seiner Seele? Ist es das göttliche Kind in ihm? Wir können letztlich nicht erklären, was ihm die Kraft schenkt, aus der Opferrolle auszubrechen und sein Leben selbst zu leben. Wir dürfen daran glauben, daß es sein Engel ist, der über es wacht und das Opfer verhindert.

Es gibt viele Menschen, die zeit ihres Lebens in der Opferrolle verharren. Das Zusammenleben mit ihnen ist schwierig. Denn auch wenn sie nach außen die Rolle des Opferlammes spielen und alles auf sich nehmen, was ihnen von andern aufgeladen wird, so geht von ihnen doch eine Stimmung verdrängter Aggression aus. Das Opferlamm vermittelt den andern Schuldgefühle. Weil die Kinder der Mutter soviel Kummer machen, weil sie ihr zuviel Arbeit zumuten, deshalb geht es ihr so schlecht, deshalb ist sie so müde und krank. Das Opferlamm ist ein ständiger Vorwurf an die Menschen in seiner Umgebung. Sie sind schuld, daß das Opferlamm unter der

Last, die ihm die andern aufbürden, zusammenbricht. Um aus dem Teufelskreis der Opferrolle und der heimlichen Aggressivität auszubrechen, braucht es einen Engel, der das Spiel beendet. Der Engel fällt uns in den Arm und öffnet uns die Augen: Und wir sehen den Widder. Anstatt uns selbst zum Opfer zu bringen, sollen wir den Widder opfern, den Gott uns anbietet. Wir sollen etwas von der Kraft opfern, die in uns steckt. Denn aus dem Opfer unserer Kraft und Aggression kann Leben entstehen.

5.

DER ENGEL, DER SEGNET

Kurz vor seinem Tod segnet Jakob seinen Sohn Josef und dessen Söhne Efraim und Manasse. Er spricht dabei: „Der Engel, der mich erlöst hat von jeglichem Unheil, er segne die Knaben. Weiterleben soll mein Name durch sie." (Gen 48,16) Das ist für mich ein schönes Bild. Jeder Mensch hat einen Engel, der ihn segnet, der seine Hand segnend über ihn hält und ihm Gutes zusagt. Segnen bedeutet vom Griechischen und Lateinischen her: Gutes sagen (benedicere), Gutes über einen Menschen sprechen. Der Engel, der segnet, ist zugleich der, der von jedem Unheil erlöst, der das Unheil wendet, der befreit aus krankmachenden Verstrickungen.

Es gibt Kinder, die hören oft wenig gute Worte. Dagegen wird ihnen ständig gesagt, sie sollten das oder jenes tun, sie hätten dies wieder falsch gemacht, sie sollten endlich aufräumen und nicht so zimperlich sein. Noch schlimmer sind Worte, die eher Fluch als Segen sind: „Du solltest eigentlich gar nicht sein.

Du bringst uns ins Grab. Du wirst schon sehen, wo das hinführt. Du wirst es nie zu etwas bringen. Du bist uns eine Last. Du wirst ewig büßen müssen für das, was du uns angetan hast. Gott soll dich für immer strafen, weil du so böse bist." Ich kenne Menschen, die zeit ihres Lebens den Eindruck haben, unter einem Fluch zu stehen. Sie leben mit dem Fluch, daß sie nie würdig sind, zur Kommunion zu gehen, daß sie nie gut genug sind, um ein vollwertiges Mitglied der menschlichen Gesellschaft zu sein, daß sie nie den Erwartungen der Eltern entsprechen werden. Solch ein Fluch lähmt die Lebenskraft eines Menschen. Unter einem Fluch zu leben, das heißt, ständig Angst zu haben, daß dieser Fluch sich irgendeinmal bewahrheiten wird.

Der Engel, der segnet, das kann ein väterlicher oder mütterlicher Mensch sein, die Nachbarin, die Großmutter, der Großvater, der Lehrer, der Pfarrer. Aber es kann auch der Engel sein, der im Kind selbst spricht. Man braucht nur mal den Gesprächen zuhören, die Kinder mit ihrem Kuscheltier führen. Da sagen sie oft selber Segensworte, die zwar zunächst dem Kuscheltier gelten, in Wirklichkeit aber sich selbst. Ich habe einmal ein kleines Mädchen beobachtet, das mit ihrem Ball sprach. Sie hat ihm viel Gutes zugesagt, ihn getröstet, ihn gelobt, ihm von sich selbst erzählt. Es ist genau der Zwischenbereich, den Winnicott als den Raum beschreibt, in dem das Kind die Verbindung zwischen äußerer und innerer Realität lernt. In diesem Zwischenbereich spricht das Kind andere Worte, als es von den Eltern hört. Da spricht es das aus, was das eigene Herz braucht und wonach es sich sehnt. Der Zwischenbereich ist auch der Raum, in dem das Kind eine Ahnung hat von dem Engel, der es segnet, der ihm Gutes zusagt. In den eigenen Worten des Kindes spricht der segnende Engel. Und er hält seine

Hand über ihm, damit der Fluch es nicht trifft, den die Eltern auf es richten.

Jakob nennt den Engel, der die Knaben segnet, den Engel, „der mich erlöst hat von jeglichem Unheil". Der Engel befreit das Kind von jeglichem Unheil. Er löst die Bande auf, die das Kind fesseln und nicht leben lassen. Nach außen hat das Kind oft keine Chance in einer Atmosphäre des Unheils, des Streites, des emotionalen Chaos, der Brutalität. Aber der Engel, der das Kind begleitet, schafft eine gesunde Distanz, so daß das Kind nicht alles an sich heranläßt. Er löst die enge Verhaftung an die äußere Realität, indem er es mit seiner inneren Realität in Berührung bringt, zu dem das Unheil keinen Zutritt hat. Wenn die äußere Realität zu grausam ist, führt der Engel das Kind in den Innenraum, in dem es gesegnet ist, in dem es heil ist und ganz, in dem niemand es verletzen kann. Von daher können wir verstehen, daß Kinder oft grausame Erfahrungen unbeschadet überleben.

Nicht nur in unserer Kindheit sollten wir nach dem Engel Ausschau halten. Dieser Engel begleitet uns heute genauso. Er segnet uns, indem er uns Gutes zusagt, indem er das Gute in uns benennt. Und er löst die enge Verflechtung mit einer krankmachenden Umgebung und führt uns in den Innenraum, in den der Lärm der kritisierenden und verletzenden Menschen nicht eindringen kann, in dem niemand uns kränken kann. In diesem Innenraum hält der erlösende Engel seine schützende Hand über uns, damit das Unheile, das Zerstörende, das Auflösende in unserer Nähe uns nicht treffen kann. Nelly Sachs, die jüdische Dichterin, spricht vom Segensraum, den die Engel uns darbieten:

51

„Engel auf den Urgefilden
wieviel Martermeilen
muß die Sehnsucht, zurück
zu eurem Segensraum durcheilen!" (Stubbe 33)

Nelly Sachs weiß, daß wir uns sehr weit von diesem inneren Segensraum entfernt haben. Die Sehnsucht muß viele Martermeilen zurücklegen, sie muß vieles lassen, woran sie sich festklammert, um in diesen inneren Raum zu gelangen, in dem wir gesegnet sind. Es sind die „Urgefilde", der ursprüngliche Ort, der Raum, der uns an den eigenen Ursprung führt und uns mit dem Urbild in Berührung bringt, das Gott sich von uns gemacht hat. Die Engel schützen den Segensraum, in dem Gott uns sein gutes Wort zusagt, in dem Gott segnend seine Hand über uns hält, in dem wir von Gottes Kraft und Gottes Gnade umgeben sind.

6.

DER ENGEL, DER SICH IN DEN WEG STELLT

Im Buch Numeri gibt es eine groteske Geschichte vom Seher Bileam und seiner Eselin. Der König Balak bittet den Propheten Bileam, sein Volk zu segnen und Israel, seinen Feind, zu verfluchen. Er verspricht ihm reiche Belohnung. Bileam macht sich auf den Weg, doch offensichtlich, ohne vorher bei Gott Weisung eingeholt zu haben. Da stellt sich ihm der Engel des Herrn in feindlicher Absicht in den Weg. Die Eselin sieht den Engel mit gezücktem Schwert den Weg versperren und weicht ins Feld aus. Bileam, der berühmte Prophet, sieht den Engel nicht. Die Eselin ist ihm darin offensichtlich überlegen. Noch zweimal stellt sich der Engel des Herrn in den Weg. Einmal drückt die Eselin das Bein Bileams gegen die Mauer beim Versuch, auszuweichen. Das andere Mal geht sie in die Knie. Jedesmal wird sie von ihrem Herrn brutal geschlagen. Da öffnet der Herr der Eselin den Mund, und sie spricht zu Bileam: „Was habe ich dir getan, daß du mich jetzt schon zum drittenmal schlägst?" (Num 22,28) Bileam scheint gar nicht erstaunt zu sein, daß die Eselin nun spricht. Er läßt sich auf den Dialog ein und macht ihr Vorwürfe. Da öffnet der Herr dem Bileam die Augen, und er sieht „den Engel des Herrn auf dem Weg stehen, mit dem gezückten Schwert in der Hand." (Num 22,31) Und der Engel sagt zu ihm: „Warum hast du deinen Esel dreimal geschlagen? Ich bin dir feindlich in den Weg getreten, weil mir der Weg, den du gehst, zu abschüssig ist." (Num 22,32)

Dies ist kein niedlicher und freundlicher Engel, sondern einer, der Erschrecken hervorruft. Ein Engel, der sich in den Weg stellt. Der große Seher Bileam sieht ihn nicht, während seine Eselin ihn erkennt. Der Verstand erkennt den Engel nicht, der sich uns in den Weg stellt, um uns vor Unheil zu bewahren. Die Eselin, der Triebbereich, unser Instinkt, hat ein Gespür für den Engel, der uns auf unserem Weg aufhält. Der Verstand meint, er müsse unbedingt weiter gehen auf dem bisherigen Weg. Er müsse noch mehr leisten, noch mehr organisieren und planen. Doch der Körper bremst ihn. Er streikt. Manche werden dann wütend und schlagen auf ihren Körper ein, anstatt ihn zu fragen, warum er sich querlegt. Gott muß dann unserem Leib den Mund öffnen, damit er sich verständlich zu Wort melden kann. Die Sprache des Leibes läßt sich nicht überhören. Und je mehr wir auf den Leib eindreschen, desto mehr wird er rebellieren, bis wir endlich einsehen, daß unser Weg zu abschüssig ist, daß er uns ins Verderben führt. Dann sind wir dankbar, daß der Engel des Herrn sich uns in den Weg gestellt hat, damit wir nicht größeren Schaden erleiden.

Auf vielfache Weise kann sich der Engel uns in den Weg stellen. Da plant eine Ärztin einen Stellenwechsel. Aber sie findet einfach keine Wohnung am Arbeitsort. Da möchte jemand eine Reise unternehmen. Aber es geht alles schief. Das Reisebüro verschlampt seinen Auftrag. Und jetzt ist es zu spät, noch einen Platz zu bekommen. Ein Firmenchef möchte eine Veränderung in der Firmenorganisation durchsetzen. Aber alle Ansätze bleiben im Sand stecken. Ein anderer möchte gerne Lehrer werden, aber alle Bewerbungsversuche scheitern. Viele ärgern sich dann, daß sich die Pläne nicht durchführen lassen. Aber vielleicht sollten wir erst einmal nach dem Engel fragen, der sich uns in den Weg gestellt hat. Vielleicht wollte uns der Engel davor warnen, diesen Weg weiter zu verfolgen. Oder zumindest sollten wir innehalten und das Ganze nochmals überprüfen. Wir sollen dann nicht wie Bileam fixiert sein auf den Ort, an dem wir gerne ankommen möchten, sondern sollten in uns hineinhorchen, ob uns da die Eselin nicht auf den Engel aufmerksam machen möchte, der uns den Weg verstellt.

Bei Kindern äußert sich der Engel Bileams manchmal in Rebellion und Verweigerung in bestimmten Situationen. Die Eltern meinen, das Kind wäre einfach nur bockig oder es wolle nur seinen Willen durchsetzen. Das kann natürlich auch sein. Aber manchmal weiß das Kind genau, was es nicht will. Es spürt instinktiv den Engel, der da im Weg steht. Es fühlt, daß dieser oder jener kein Weg wäre, der ans Ziel führt. Und anstatt wie Bileam die Eselin zu schlagen, sollten die Eltern erst genau hinhören, warum das Kind hier nicht weiter geht. Vielleicht kann das Kind es auch nicht erklären. Aber an der Art und Weise, wie es über seine Weigerung spricht, können die Eltern spüren, ob es nur Bockigkeit ist oder ob da ein Engel den Weg versperrt. Vielleicht spricht der Engel in der Angst, die das Kind davor beschützt, sich in Situationen hineinzubegeben, die es überfordern. Wenn ein Kind sich weigert, zum Onkel zu gehen, dann hat es meistens gute Gründe. Das Kind spürt, daß ihm der Onkel nicht gut tut, daß er seine Grenze verletzt. Da sind Kinder, die von ihrem Onkel mißbraucht worden sind, die haben sich geweigert, dort nochmals hinzugehen. Aber die Eltern haben ähnlich wie Bileam auf sie eingeschlagen. Sie haben den Engel übersehen, der sich ihnen da in den Weg stellte. Sie wollten nur keinen Ärger mit dem Onkel und haben das Kind gezwungen, wieder hin zu gehen. Und irgendwann hat das Kind sich ergeben und wurde schließlich jahrelang mißbraucht. Es wäre besser gewesen, die Eltern hätten auf den Engel gehört, der sich da in den Weg stellte, anstatt auf ihre eigenen Bedürfnisse und Wünsche fixiert zu sein. Wenn ein Kind sich querstellt, ist es immer angebracht, genau hinzuschauen und hinzuhören, was sich da in den Weg stellt. Vielleicht ist es sein Engel.

Die Eselin sieht den Engel und versteht ihn. Kinder kommen oft dort mit ihrem Engel in Berührung, wo sie sich liebevoll Tieren zuwenden. Viele Mädchen sind begeistert von Pferden. Was sie da so fasziniert, ist nicht immer klar. Offensichtlich ist es die Kraft des Pferdes, das sich aber zugleich von einer zarten Hand führen läßt. Dem Pferd können die Mädchen alles erzählen, was die Eltern nicht hören wollen. Kinder, die auf dem Bauernhof aufwachsen, haben oft eine besondere Vorliebe zum Stall. Sie gehen nach der Schule zuerst in den Stall und erzählen den Tieren, was sie in der Schule erlebt haben, was sie belastet. Andere streicheln ihren Hund und fühlen sich von ihm verstanden. Bei ihren Lieblingstieren ahnen sie etwas von dem Engel, der bei ihnen ist, der sie behütet mit seiner Kraft, der ihnen aber auch zuhört und der sich ihnen in den Weg stellt, wenn sie auf gefährliche Abwege geraten.

Bileam, der berühmte Prophet, muß sich von seinem Esel belehren lassen. Er kann seinen Weg nicht weiter verfolgen. Er muß zuerst die Augen öffnen, um den Engel zu erkennen, der sich ihm in den Weg stellt. Die Geschichte lehrt uns, daß wir uns nicht auf das fixieren, was wir uns in den Kopf gesetzt haben. Wir müssen die Augen öffnen für die Engel, die sich uns in den Weg stellen und uns am Weitergehen hindern. So ein Engel kann im Widerstand des Ehepartners oder der Kinder in Erscheinung treten. Er kann sich in der Weigerung von Mitarbeitern zeigen, unsere Weisungen zu befolgen. Statt den Widerstand mit Gewalt zu brechen, sollten wir lieber genau hinhören, ob sich da nicht ein Engel in den Weg stellt, der uns vor Fehlentscheidungen bewahren möchte, der uns davor warnt, zu schnell voranzugehen, weil der Weg zu abschüssig ist.

7.

DER ENGEL, DER BERUFT

Im Buch Richter beruft Gott immer wieder Menschen, die Israel aus seiner Not und Unterdrückung durch die Philister oder die Midianiter befreien. Als die Midianiter jedes Jahr die Ernte der Israeliten vernichten und das Volk verarmt, schickt Gott seinen Engel zu Gideon: „Da erschien ihm der Engel des Herrn und sagte zu ihm: Der Herr sei mit dir, starker Held. Doch Gideon sagte zu ihm: Ach, mein Herr, ist der Herr wirklich mit uns? Warum hat uns dann all das getroffen?" (Ri 6, 12 f) Als der Engel ihm aufträgt, er solle mit der Kraft, die Gott ihm gegeben habe, Israel aus der Hand Midians befreien, da wirft er ein: „Ach, mein Herr, womit soll ich Israel befreien? Sieh doch, meine Sippe ist die schwächste in Manasse, und ich bin der Jüngste im Haus meines Vaters." (Ri 6, 15) Doch der Engel läßt nicht locker: „Weil ich mit dir bin, wirst du Midian schlagen, als wäre es nur ein Mann." (Ri 6, 16) Gideon bringt dem Engel Fleisch und Brote, um ihn zu bewirten. Der berührt die Gaben mit seinem

Stab. Da steigt Feuer vom Himmel hernieder und verzehrt alles. Der Engel aber ist nicht mehr zu sehen. Da errichtet Gideon einen Altar und nennt ihn: „Der Herr ist Friede." (Ri 6,24)

Der Engel verheißt dem Gideon, daß Gott selbst mit ihm sei. Aber die Wirklichkeit, die Gideon erfährt, ist ganz anders. Da ist überall nur Unterdrückung. Da ist von Gottes heilender und helfender Nähe nichts zu spüren. Viele Menschen können nicht an Gott glauben, weil sie nichts von seiner Hilfe sehen. Sie fühlen sich allein, unterdrückt, ausgebeutet, verletzt, hilflos. Niemand greift ein, um ihnen zu helfen. Die Flüchtlinge aus dem Kosovo und aus Ruanda können nicht daran glauben, daß der Herr mit ihnen ist. Sie fragen mit Gideon: „Warum hat uns all das getroffen?" Der Engel versucht nicht, Gideon auszureden, daß die Situation unerträglich ist, sondern er beruft und sendet ihn. Er soll selbst die Unterdrückung beseitigen. Er soll die fatale Situation lösen. Das scheint unrealistisch zu sein. Und zu Recht wehrt sich Gideon dagegen. Er als der Jüngste in der schwächsten Sippe hat doch gar keine Chance, Israel zu helfen. Doch auf dieses Argument geht der Engel nicht ein. Er sendet ihn, er traut ihm die Aufgabe zu. Er spricht einmal die Kraft an, die er von Gott erhalten habe, zum andern sagt er ihm den Sieg zu, weil Gott selbst mit ihm ist.

Diese Engelgeschichte erinnert uns an die Situation von Kindern, die Gewalt und Unterdrückung erfahren, die keine Chance haben, sich zu wehren. Man raubt ihnen den Erfolg, die Ernte. Wenn dem Kind etwas gelingt, wird es nicht gelobt. Im Gegenteil, alles, was im Kind wächst, wird ihm genommen. Die Eltern brauchen es für sich. Sie würdigen das Kind nicht, wenn es Erfolg hat, wenn es etwas zu Wege bringt, sondern sie benutzen es für die eigenen Bedürfnisse. Sie sind nicht in

Berührung mit dem Kind. Nur wenn Besuch kommt, wird es als Vorzeigekind vorgeführt. Da muß es zeigen, was es kann. Da muß es ein Gedicht vortragen oder etwas vorsingen, ob es will oder nicht. Das Bedürfnis des Kindes wird nicht berücksichtigt. Nur seine „Ernte" interessiert. Nur sein Können ist wichtig. Damit können die Eltern vor dem Besuch angeben. Der Engel beschützt das Kind nicht vor solchen Verhältnissen, sondern er beruft es, selbst Hand an zu legen und der Unterdrückung ein Ende zu bereiten. Das klingt unrealistisch. Ein Kind kann ja nicht die Familiensituation völlig verändern. Aber der Engel gibt ihm Mut, selbst das Heft in die Hand zu nehmen, selbst für sich zu sorgen. Der Engel ist gerade dann bei ihm, wenn das Kind selbst es wagt, sich aus der Unterdrückung zu befreien. Der Engel weist auf das Unverwundbare im Kind hin, das von den unterdrückenden Kräften seiner Umgebung nicht verletzt werden kann. Und der Engel steht dem Kind zur Seite, daß es selbst Strategien entwickelt, wie es sich befreien kann.

In der Begleitung habe ich immer wieder erlebt, daß mir Erwachsene von ihren Strategien berichten, wie sie sich als Kind dem überfordernden Druck von außen entzogen haben. Da ist eine Frau als Kind aufs Feld gegangen und hat sich Höhlen im Heu geformt, in die es sich zurückgezogen hat. Da ist ein Mädchen in die Kirche geflüchtet, um bei Maria Trost zu suchen. Da versteckt sich ein Kind im Dachboden. Es hat dort sein heimliches Versteck, in dem es spielen kann. Dort fühlt es sich befreit. Dort reicht die Unterdrückung nicht hin. Eine Frau erzählt mir, daß sie sich immer in den Wald zurückgezogen hat, wenn es ihr nicht gut ging. Das war für sie ein Schutzraum. Dort hat sie an die Engel geglaubt, die mit ihr seien. Wenn wir uns fragen, warum Kinder solche Strategien der Befreiung entwickeln, dann dürfen wir es durchaus mit dem Bild des Engels erklären. Ein Engel sendet das Kind aus, mit der Kraft, die es hat, das zu tun, was ihm gut tut, für sich selbst zu sorgen, sich den Schutzraum zu schaffen, der ihm hilft, in einer angespannten Situation zu überleben. Der Engel schickt das Kind in den Kampf. Nicht in den Kampf gegen die Eltern. Denn da würde es verlieren. Aber doch in den Befreiungskampf, in dem es die Nischen findet und ausbaut, die es von der Macht der Eltern befreien. Anstatt über die Unterdrückung zu jammern, sendet der Engel das Kind in den Kampf für sich selbst, für seine Freiheit.

Wenn Erwachsene darüber klagen, daß sie sich hilflos fühlen, daß sie in der Firma Mobbing erleben, was sie aufreibt, daß sie ständig von ihren Verwandten und Bekannten verletzt werden, daß ihr Ehepartner sie unterdrückt, dann sollten sie nach dem Engel rufen, der beruft. Sie haben trotz aller Unterdrückung eine Kraft in sich, die ausreicht, um sich von äußeren Bedrängern zu befreien. Und sie haben den Engel auf ihrer Seite. Sie sind nicht allein in ihrem Befreiungskampf. Der Engel aktiviert die Kräfte im Menschen. Er fordert ihn heraus, nach Strategien zu suchen, sich aus der bedrückenden Macht anderer zu lösen. Statt uns als hilfloses Opfer zu gebärden, sollen wir mit unserer Aggression in Berührung kommen und für uns selber kämpfen. Auch wenn wir nach außen hin scheinbar keine Chance haben, werden wir etwas erreichen. Der Engel, der uns beruft, streitet mit uns.

8.

DER ENGEL, DER WEISUNGEN ERTEILT

Als Israel 40 Jahre lang in der Gewalt der Philister war, schickte Gott seinen Engel zur Frau des Manoach, die unfruchtbar war und keine Kinder hatte. „Der Engel des Herrn erschien der Frau und sagte zu ihr: Gewiß, du bist unfruchtbar und hast keine Kinder; aber du sollst schwanger werden und einen Sohn gebären. Nimm dich jedoch in acht, und trink weder Wein noch Bier, und iß nichts Unreines! Denn siehe, du wirst schwanger werden und einen Sohn gebären. Es darf kein Schermesser an seine Haare kommen; denn der Knabe wird von Geburt an ein Gott geweihter Nasiräer sein. Er wird damit beginnen, Israel aus der Gewalt der Philister zu befreien." (Ri 13, 3–5)

Der Engel verheißt eine Geburt. Das ist ein Thema, das im Alten und Neuen Testament immer wieder auftaucht. Die Verkündigung an Maria in Lk 1 hat sicher Elemente dieser Engelerscheinung in Ri 13 übernommen. Doch auf den Engel, der verheißt, möchte ich erst bei der Meditation über den Engel Gabriel eingehen. Hier ist mir ein anderer Aspekt wichtig. Der Engel gibt der Frau des Manoach Anweisungen, wie sie ihren Sohn Simson behandeln soll. Er gibt also nicht Anweisungen an das Kind, sondern an die Eltern. Indem er den Eltern sagt, was sie zu tun haben, schafft er den Raum, den das Kind braucht, um zu einem Nasiräer zu werden. „Nasiräer" heißt: Er ist der Gott Geweihte, der Reine und Heilige. Er ist der, der das ursprüngliche Bild, das Gott sich von jedem Kind gemacht hat, unverfälscht darstellt. Das wäre ja das Ziel des Lebens, daß wir das reine Bild Gottes sichtbar werden lassen, daß wir ganz der und ganz die werden, die wir im Grunde unseres Herzens sind. Oft genug zwingt uns die Lebensgeschichte, ein falsches Selbst zu entwickeln, uns in ein Bild hineinzupressen, das unserem wahren Selbst nicht entspricht. Der Engel will uns den Weg zu unserem wahren und ursprünglichen Selbst führen.

Damit das Kind Simson nicht verbogen wird, sondern sein ursprüngliches Bild leben kann, bedarf es von seiten der Eltern einiger Voraussetzungen. Die erste ist, daß die Mutter weder Wein noch Bier trinkt. Sie soll sich nicht berauschen. Sie soll nüchtern bleiben, damit sie erkennt, was das Geheimnis des Kindes ist. Viele Kinder werden in ihrer Entwicklung behindert, weil die Mutter oder der Vater Alkoholiker sind. Dann sind die Eltern so mit sich beschäftigt, daß das Kind gar nicht richtig wahrgenommen wird. Eine Frau erzählte mir, daß ihre Mutter Alkoholikerin war. Sie konnte als Mädchen gar nicht mit ihr sprechen. Ihre Sucht machte sie beziehungsunfähig. Sie ließ niemanden an sich heran. So konnte die Tochter bei ihr keine Geborgenheit erfahren. Und sie hatte keine Möglichkeit, in der Begegnung mit ihr die eigene Rolle als Frau zu erlernen.

Aber es muß nicht immer der Rausch sein, der vom Alkohol herrührt. Viele leben in einem anderen Rausch. Sie sind benebelt durch ihre eigenen Illusionen, die sie von sich und ihrem Kind haben. Ihr Blick ist getrübt durch die Verletzungen, die sie selbst erfahren haben, durch Enttäuschung, Resignation, Angst und Depression. Dann sind sie unfähig, das Kind in seiner Besonderheit wahrzunehmen. In so einer Atmosphäre tut sich ein Kind schwer, das ursprüngliche Bild zu leben.

Die Mutter in unserer Geschichte soll dem Kind die Haare nicht schneiden. Das Haar gilt als Symbol für die Kraft eines Menschen. Bei Männern galten lange und offene Haare in verschiedenen Kulturen als Zeichen der Freiheit. Solange Simson die Haare wachsen, kann keiner ihn überwinden. Der Engel gibt damit den Eltern die Anweisung, dem Kind die Kraft nicht zu rauben. Das Schermesser ist Bild für alles, was das Kind von seiner Energie abschneiden kann. Wenn die Mutter das Kind für sich braucht und für ihre eigenen Bedürfnisse, dann saugt sie es aus und nimmt ihm seine Kraft. Wenn der Vater das Kind nicht ernst nimmt und es lächerlich macht, kann es seine eigene Stärke nicht entdecken. Wenn der Vater in seinem Jähzorn jede aggressive Äußerung des Sohnes sofort niedertritt, schneidet er ihn von einer wichtigen Lebensenergie ab. Ich habe einen Mann begleitet, der angesichts des jähzornigen Vaters schon früh die Strategie entwickelte, sich anzupassen und still zu sein. Das hat ihn jahrelang gut durch das Leben geführt. Er war immer angenehm und pflegeleicht. Aber irgendwann hatte er keine Kraft mehr und wurde von Depressionen heimgesucht. Das Schermesser des väterlichen Jähzorns hatte seine Aggressionen beschnitten und ihn so seiner eigenen Kraft beraubt. So war er nicht mehr fähig, sich gegen die Feinde zu wehren, sich in seinem Beruf durchzusetzen und zu kämpfen.

Der Name Simson heißt eigentlich „Sohn der Sonne". Eigentlich ist jedes Kind ein Sonnenkind, ein Kind, in dem sich die Schönheit der Sonne widerspiegelt. Aber häufig wächst ein Kind im Reich der Finsternis auf, die das Licht in ihm verdunkelt. In der Simsongeschichte weist der Engel die Eltern zu einem Verhalten an, das dem Sonnenkind ermöglicht, das eigene Wesen zu verwirklichen. Die Geschichte scheint die Einsicht der Psychologie zu bestätigen, daß das Kind sehr abhängig ist von seiner Erziehung. Aber vielleicht können wir die Geschichte so deuten, daß der Engel, der über das Kind wacht, auch den Eltern Weisungen erteilt, die dem Kind helfen. Vom Kind geht oft genug etwas aus, das den Eltern anzeigt, wie sie mit ihm umgehen sollen. Wenn die Eltern sensibel sind und auf den Engel des Kindes hören, dann spüren sie, was ihm gut tut, was das Besondere dieses Kindes ist und welchen Raum sie ihm anbieten sollen, damit es sein wahres Wesen leben kann.

Die Weisungen des Engels gelten nicht nur für die Eltern eines Kindes, sie gelten uns allen. Wir sollen uns nicht berauschen mit irgendwelchen Illusionen, die wir uns von uns selber machen. Wir dürfen kein Schermesser über die Haare unserer eigenen Kraft kommen lassen. Ich kenne viele Menschen, die sich von der wichtigen Lebensenergie ihrer Aggressionen abschneiden. Doch sie werden so zum Spielball fremder Kräfte, lassen andere ihr Leben bestimmen. Sie können sich andern gegenüber nicht abgrenzen. Sie können nicht nein sagen. Sie möchten alle Erwartungen erfüllen, die andere an sie richten. Aber damit überfordern sie sich selbst. Sie werden dann aggressiv gegen sich selbst und gegen die Menschen. Aber sie gehen nicht produktiv mit diesen Aggressionen um. Sie werden zerfressen von Aggressionen, die kein klares Ziel vor Augen haben. Sie ärgern sich über die Menschen, die soviel von ihnen erwarten. Und sie ärgern sich über sich, weil sie sich den Erwartungen anderer gegenüber nicht abgrenzen können. Eine Frau war böse auf ihre Mutter, die ständig von ihr erwartete, daß sie sie häufiger besuchen solle. Ich fragte sie, warum sie denn böse sei. Die Mutter dürfe doch Erwartungen haben. Aber es sei ihre Sache, diese Erwartungen zu erfüllen oder sie abzulehnen. Sie sei frei in ihrer Entscheidung. Diese Frau bräuchte den Engel, der ihr Weisungen erteilt, wie sie mit ihrer Aggression umgehen solle. Der Engel würde ihr sagen, daß sie sich nicht von ihrer Lebensenergie abschneiden solle. Und daß sie sich nicht berauschen solle an ihrer Bitterkeit und Unzufriedenheit. Sie solle klar sehen, was von ihr gefordert ist und was sie leisten kann. Mit dem Engel an ihrer Seite würde die Frau das Leben bestehen, ohne auf alle ärgerlich zu werden. Vielleicht denkt mancher, das sei eine psychologische Einsicht, dazu brauche man keinen Engel. Das Bild des Engels zeigt uns dabei, daß Gott seine Boten auch bis in die konkreten Auseinandersetzungen unseres Alltags hinein schickt. Auch dort, wo wir mit unseren Aggressionen zu tun haben, will uns Gottes heilende Nähe einen Weg weisen, nüchtern und angemessen mit ihnen umzugehen, so daß sie dem Leben dienen, anstatt uns zu zerfressen.

9.

Der Engel, der heilt (Rafael)

Eine wichtige Rolle spielt ein Engel in der Tobitgeschichte. Tobit schickt seinen Sohn Tobias zu Gabael, einem Verwandten, um dort das Geld zu holen, das er ihm zur Aufbewahrung anvertraut hat. Tobias sucht nach einem Reisegefährten und findet Rafael. Tobit wünscht beiden zum Abschied, daß Gottes Engel sie begleiten möge. Er weiß nicht, daß Rafael selbst ein Engel ist. Der Name Rafael bedeutet: Gott heilt. Und von zwei Heilungen berichtet die Tobitgeschichte. Einmal heilt Rafael durch seine Anweisungen Sara, die Tochter des Raguel. Sie war bereits mit sieben Männern verheiratet, aber alle starben im Brautgemach. Offensichtlich war sie nicht fähig zu einer liebenden Beziehung mit einem Mann. Ein Dämon liebte sie und brachte alle Männer um. Dieser Dämon ist ein Bild für einen Männerkomplex, den Sara hatte. Sie wollte offensichtlich unbedingt einen Mann, konnte ihn aber nicht ertragen, sondern mußte ihn töten, sobald er ihr zu nahe kam. Solche Männerkomplexe sind heute gar nicht so selten. Wenn eine Frau von einem „männermordenden Dämon" besessen ist, kann es kein Mann lange Zeit neben ihr aushalten. Er wird zugrunde gehen.

Tobias hat Angst, Sara zur Frau zu nehmen. Denn ihm könnte ja das gleiche Geschick zuteil werden. Doch Rafael ermutigt ihn. Er soll ein Stück vom Herz und von der Leber des Fisches, den sie unterwegs gefangen hatten, in einem Räucherbecken verbrennen. Der Geruch würde den Dämon vertreiben. Herz und Leber aber sind Sitz der Gefühle und der Liebe, nicht ohne Grund redet man von einem „gebrochenen Herzen" oder davon, daß einem „etwas über die Leber gelaufen" ist. Die Liebe muß verwandelt werden, damit sie zu heilen vermag; denn es gibt auch eine besitzergreifende Liebe, eine tödliche Liebe. Erst durch die Glut des Feuers kann sie zur wahren Liebe werden. Der Dämon, der das Mädchen zur Ehe unfähig macht, kann der Vater sein, von dem sie so besetzt ist, daß sie sich auf keinen andern Mann wirklich einlassen kann. Es kann aber auch die Angst vor der Sexualität sein, die mordet, wenn ein Mann sexuellen Kontakt mit ihr haben möchte. Rafael heilt die junge Frau, indem er dem Tobias einen Weg zeigt, wie er sich ihr nahen soll. Und er ermöglicht durch seine Heilung das Liebesglück der beiden.

Ein zweites Mal greift Rafael heilend ein. Bei seiner Rückkehr heilt er Tobit von seiner Blindheit. Er befiehlt Tobias, seinem Vater die Galle des Fisches auf die Augen zu streichen. „Sie wird zwar brennen, aber wenn er sich die Augen reibt, wird er die weißen Flecken wegwischen und wird dich wieder sehen können." (Tob 11,8) Die Galle ist ein Bild für Aggressionen. In dieser Geschichte wird gezeigt: Durch Aggression muß der Sohn sich vom Vater abgrenzen. Er muß aus der Symbiose heraus. Sonst bleibt der Vater blind. Nur wenn der Sohn zu sich selbst findet und sich vom Vater in gesunder Weise distanziert, kommt der Vater auch zu sich. Er muß die schmerzende Galle auf seine Augen spritzen, damit der Vater die Augen öffnen und den Sohn so sehen kann, wie er wirklich ist. Tobits Blindheit hat sicher auch mit seiner engen Spiritualität zu tun. Tobit ist gesetzestreu. Aber er merkt gar nicht, wie sich sein Leben vor lauter Gesetzen, die er peinlich genau erfüllen möchte, immer mehr verdunkelt. Wenn mir die Gesetze wichtiger sind als das Leben, richte ich meine Aggressionen gegen mich. Indem Tobias seinem Vater die brennende Galle auf die Augen streicht, kommt Tobit mit seiner eigenen Aggression auf positive Weise in Berührung. Und so verliert seine Frömmigkeit das Aggressive. Voller Freude fällt der Vater seinem Sohn um den Hals und sagt unter Tränen: „Sei gepriesen, Gott, gepriesen sei dein heiliger Name in Ewigkeit. Gepriesen seien alle deine heiligen Engel. Du hast mich gezüchtigt und hast wieder Erbarmen mit mir gehabt. Denn ich darf meinen Sohn Tobias wieder sehen." (Tob 11, 14)

Rafael ist hier nicht nur der Engel, der Wunden heilt, etwa die Besessenheit der Sara und die Blindheit des Tobit, sondern auch der Engel, der heilsame Beziehungen ermöglicht. Er führt den jungen Tobias ein in die Kunst des Lebens und des Liebens. Tobias wird durch Rafael fähig, seine Frau zu lieben, ohne von ihr getötet zu werden. Und er lernt seinen Vater lieben, ohne von ihm bestimmt zu werden. Beide Formen der Liebe sind nicht so leicht zu lernen. Denn auf beiden Gebieten gibt es genügend Verwicklungen. Die Liebe zwischen Mann und Frau kann zum tödlichen Machtkampf werden. Und die

Elternliebe kann am Leben hindern, wenn die Ablösung nicht erfolgt. Die Tobitgeschichte weiß um die Schwierigkeiten, beide Weisen des Liebens zu lernen. Und sie verheißt uns, daß auch uns ein Engel begleitet, der uns in die Kunst des Liebens einführt.

Oft haben Eltern Angst, wenn der Sohn seine Freundin mit nach Hause bringt, die er heiraten möchte. Und sie betrachten voller Argwohn den Mann, den die Tochter sich auserwählt hat. Es ist tröstlich zu wissen, daß es auch da einen Engel gibt, der den Sohn und die Tochter begleitet und sie die Kunst des Liebens lehrt. Das Vertrauen in den Engel, der das Kind gerade auf diesem schwierigen Weg begleitet, entlastet die Eltern von ihrer oft übertriebenen Sorge. Der Engel wird eine gute Ablösung von den Eltern zu Wege bringen, und er wird die Liebe zwischen den Freunden ermöglichen. Allerdings haben Eltern im nachhinein auch oft Recht mit ihrem Gespür, daß dieser Mann für die Tochter nicht taugt, und daß diese Frau ihren Sohn verbiegen und ihm das Rückgrat brechen wird. Der Glaube an den Engel heilt nicht alle Verletzungen, die auf diesem Gebiet möglich sind. Manchmal müssen Kinder die Erfahrung des Scheiterns und der falschen Wahl machen, damit sie dann zu einer heilsamen Beziehung fähig werden. Wenn die Eltern sich zu sehr in die Partnerwahl hineinmischen, dann versteifen sich die Söhne und Töchter noch mehr in ihrer Wahl und halten erst recht an dem Partner fest, selbst wenn sie im eigenen Herzen an ihm zweifeln. Aber um vor den Eltern nicht als unreif dazustehen, verdrängen sie alle Zweifel und wollen beweisen, daß sie selbst wissen, was richtig ist.

Wenn eine Beziehung scheitert, dann braucht es erst recht

einen Engel, der den Sohn oder die Tochter begleitet und über Umwege hinweg einweist in die Kunst des Liebens. In der Rafaelgeschichte hat sich der Engel erst am Schluß offenbart. So werden es oft Freunde sein, die den Kindern als Engel zur Seite stehen und sie weiterführen, auch wenn alles zunächst ausweglos erscheint. Manchmal wird der Engel auch im Gespür des Sohnes oder der Tochter zu finden sein. Das untrügliche Spüren für den Partner oder die Partnerin wird sich durchsetzen, selbst wenn der Sohn in seinem Verliebtsein erst einmal blind ist oder wenn die Tochter sich von ihrem Geliebten grenzenlos ausnützen läßt. Alles, was die Eltern dagegen sagen, nützt nichts. Die Eltern können nur auf den Engel vertrauen, der im Herzen ihrer Kinder wirkt und ihnen nach ähnlich langen Wegen, wie sie Tobias gehen mußte, eine Liebe schenkt, die gelingt.

Rafael heilt auch die Elternbeziehung. Tobias muß erst einen langen abenteuerlichen Weg in die Fremde gehen, um wieder in eine neue Beziehung zum Vater zu kommen. Er geht diesen Weg zwar im Auftrag des Vaters. Aber auf dem Weg selbst hat der Vater keinen Einfluß mehr auf ihn. Da geht er in die Schule des Engels. Rafael führt ihn ein in das Geheimnis der Sexualität und der Liebe. Rafael beschützt ihn vor Gefahren. Und der Engel begleitet ihn, so daß Tobias sich auch in der Fremde von Gottes Nähe umgeben weiß. Tobias mutet dem Vater zu, länger zu warten, als er es sich ausgerechnet hatte. Und als er ihm wieder begegnet, mutet er ihm die brennende Galle zu. Seine Beziehung zum Vater hat sich gewandelt. Er ist nicht mehr nur gehorsam. Er hört auf den Engel, auf seine innere Stimme. Die zeigt ihm den Weg. Wenn Sohn und Tochter gelernt haben, auf ihren Engel zu

hören und ihm zu folgen, dann wird die Beziehung zu den Eltern neu, dann können sie als Erwachsene mit ihren Eltern
umgehen, voll Freude über die guten Dinge, die sie von ihnen
empfangen haben, aber auch in gesunder Distanz zu dem,
was die Eltern blind und hart gemacht hat. Sie sind dann nicht
mehr bestimmt von den Stimmen der Eltern, die sich im Über-
Ich festgesetzt haben, sondern von der inneren Stimme in
ihrem Herzen. Dort spricht ihr Engel zu ihnen und zeigt ihnen, was für sie angemessen ist.

10.

DER ENGEL, DER DAS FEUER LINDERT

Im Buch Daniel wird uns die Geschichte von den drei Jünglingen im Feuerofen erzählt. Drei junge jüdische Männer weigern sich, das goldene Standbild anzubeten, das der König Nebukadnezzar errichten ließ. Da werden sie gefesselt und in den Feuerofen geworfen. Die Flammen, die herausschlagen, töten jeden Chaldäer im Umkreis. „Aber der Engel des Herrn war zusammen mit Asarja und seinen Gefährten in den Ofen hinabgestiegen. Er trieb die Flammen des Feuers aus dem Ofen hinaus und machte das Innere des Ofens so, als wehte ein taufrischer Wind. Das Feuer berührte sie gar nicht; es tat ihnen nichts zuleide und belästigte sie nicht." (Dan 3, 49 f)

Feuer hat sehr verschiedene Bedeutungen. Es ist reinigend und erneuernd. Es kann zerstören. Aus dem Feuer kann jemand jedoch auch auf höherer Stufe neu geboren werden. So erzählt man vom Vogel Phönix, daß er sich alle 500 Jahre selbst verbrennt und dann erneuert aus der Asche aufsteigt. Er

gilt für die Kirchenväter als Symbol für Christus, der in der Auferstehung den Tod überwindet. Feuer kann aber auch Bild sein
für die Sexualität, für die Leidenschaft und für die Liebe. Feuer
kann wertvoll sein. So durften die Germanen das Herdfeuer
nie ausgehen lassen. Das Feuer kommt vom Himmel. Prome-
theus hat es den Göttern geraubt und den Menschen geschenkt. Feuer kann aber auch Bild des Bösen und Teuflischen
sein. Es kann zerstören und alles mit sich reißen. Das Feuer hat
ganze Städte vernichtet. In der Hölle brennt das ewige Feuer
und bereitet den Verdammten ewige Pein. Feuer wird so zum
Bild von Qualen und Schmerzen. Schmerzen können wie
Feuer brennen.

Der König wirft die Jünglinge in den Feuerofen, um sie zu
verbrennen. Hier ist das Feuer lebensgefährlich. Wenn in einem jungen Menschen das Feuer der Leidenschaft entbrennt,
wenn er dem Feuer seiner Sexualität begegnet, dann kann
auch das tödlich werden. Er kann im Feuer seiner Leidenschaft
verbrennen. Er kann nicht mehr klar denken. Seine Emotionen
sind wie Feuer, die in ihm brennen. In der Pubertät und in der
ersten Liebe machen junge Menschen solche Erfahrungen
durch.

Feuer ist in dieser Geschichte aber auch ein Bild für die
feindlichen Aggressionen des Königs. Von ihm heißt es: „Sein
Gesicht verzerrte sich vor Zorn ... Er ließ den Ofen siebenmal
stärker heizen, als man ihn gewöhnlich heizte." (Dan 3,19)
Die jungen Männer werden in das Feuer des Hasses geworfen,
den die verweigerte Verehrung im König hervorgerufen hat.
Nicht erwiderte Liebe oder die Weigerung, einen Menschen
zu bewundern und ihm gleichsam göttliche Ehre zu erweisen,
kann in machtbesessenen Menschen einen solchen brennen-

den Haß erzeugen. Die Botschaft des Propheten Daniel ist nun, daß die jungen Menschen nicht allein gelassen werden, sie dem Feuer des Zornes nicht schutzlos ausgeliefert werden, sondern daß ein Engel mit ihnen hinabsteigt in ihren Feuerofen und die Hitze der Glut lindert.

Wer dem Haß anderer ausgesetzt ist, braucht einen Engel, der ihn davor schützt, der sich vor ihn stellt, damit die Wut ihn nicht erreichen kann. Und wer sich mit dem Feuer seiner eigenen Leidenschaften konfrontiert sieht, braucht einen einfühlsamen Begleiter, der ihm beisteht. Der darf keine Angst haben vor dem Feuer dieser Leidenschaft, vor dem Feuer der aufbrechenden Sexualität. Er muß wie der Engel mit hinabsteigen in den Feuerofen seiner Leidenschaften. Ein guter Begleiter schaut sich mit den jungen Menschen ihre Leidenschaften an, ohne sie zu werten. Er will sich das Feuer nicht vom Leib halten, indem er den Jugendlichen nur rigide Vorschriften macht oder ihnen mit dem Feuer der Hölle droht, wenn sie ihre Leidenschaften nicht beherrschen. Er hat Verständnis für das Feuer, das in ihnen brennt, zeigt aber auch Wege, wie sie damit umgehen können, ohne daran zu verbrennen.

Der Engel erscheint nicht nur in den Begleitern, die zu uns stehen, wenn wir vom Feuer der Leidenschaften heimgesucht werden. Jeder Mensch hat seinen Engel. Es ist etwas in ihm, das mit ihm hinabsteigt in das lodernde Feuer. Es ist etwas in ihm, das vor den Flammen des inneren Feuers bewahrt. Jeder Mensch hat in sich einen Ort, von dem aus er das Feuer anschauen kann, ohne daran zu verbrennen. Man könnte diesen Ort das Gewissen nennen, von dem aus wir beurteilen können, was in uns vorgeht. Oder es ist das innere Selbst, das unverfälschte Bild Gottes in uns, das wahrnehmen kann, was in unserer Psyche vor sich geht, ohne davon bestimmt zu werden. Die Geschichte sagt uns, daß es ein Engel ist, der mit uns zusammen ist, wenn wir in den Feuerofen unserer Emotionen geworfen werden. Und der Engel verwandelt das Feuer so, daß es wie ein taufrischer Wind erscheint. Mitten im Feuer ist ein Ort in uns, der geschützt ist. Es ist der innere Raum der Stille, in dem der Engel bei uns ist, in dem Gott selbst in uns wohnt.

Nicht nur den Jugendlichen geht es so, daß sie ins Feuer geworfen werden. Viele Erwachsenen erleben solche Situationen immer wieder. Auch wenn sie ihrer Sexualität längst begegnet sind, auch wenn sie glauben, sie hätten sie integriert, geraten sie in Situationen, in denen das Feuer in ihnen wieder aufbricht und sie zu verbrennen droht. Da verliebt sich ein älterer Mann in eine junge Frau. Er kennt sich selbst nicht mehr. Er weiß keinen Ausweg als Selbstmord. Doch ein Engel bewahrt ihn davor. Er tritt hinein in das Feuer – und verwandelt es. Da gerät eine gut verheiratete Frau an einen jungen Mann, der von allen als Schmarotzer und Nichtsnutz angesehen wird. Aber sie ist ihm ausgeliefert. Sie wirft alles über Bord, verläßt ihren Mann, um sich diesem jungen Mann hinzugeben, der sie noch dazu ausnützt. Aber das Feuer hat so von ihr Besitz ergriffen, daß sie nicht mehr klar denken kann. Der Mann und die Freunde der Familie stehen fassungslos daneben, sie können sich nicht erklären, was da abläuft. Es scheint ihr kein Engel beigestanden zu haben. Man kann nur hoffen, daß er trotzdem bei ihr ist und irgendwann einmal das Feuer lindert, so daß sie wieder klar zu sehen und ihr eigenes Leben zu leben vermag. Der Engel bewahrt die drei Jünglinge nicht davor, daß sie in den Feuerofen geworfen werden, sondern nur davor, daß sie daran verbrennen. So dürfen wir auch bei scheinbar aussichtslosen Verwicklungen nie die Hoffnung aufgeben, daß da mitten im Feuer der Leidenschaft ein Engel bei den Menschen steht und ihnen taufrischen Wind zufächelt, so daß sie sich aus dem Bannkreis des zerstörenden Feuers befreien können.

Der Feuerofen steht für viele Situationen in unserem Leben. Da gerät ein Haus in Brand. Ein mutiger Feuerwehrmann wagt sich in das brennende Haus hinein, um das Kind oder den alten Mann zu retten. In einem Betrieb gerät ein Mann in das Sperrfeuer der Kritik. Von vielen wird er allein gelassen. Doch ein Mitarbeiter stellt sich vor ihn, so daß das Feuer ihn nicht verbrennt. Da sind die vielen Konflikte zwischen haßerfüllten Gruppen, die einen Flächenbrand auslösen, wie im ehemaligen Jugoslawien, wie in Ruanda und Burundi. Oft schauen wir nur von außen zu, wie die Menschen im Feuer des Hasses verbrennen. Doch es gibt immer wieder Engel, die sich in dieses Feuer hineintrauen, die versuchen, die Wogen der Leidenschaften zu besänftigen und die mit ihrer Liebe einen frischen Wind um die Menschen schicken. Und es gibt Menschen, die sich vom Feuer des Hasses nicht anstecken lassen, weil in ihnen ein Engel ist, der sie vor dem Feuer bewahrt. Der Engel in ihrem Herzen erfüllt sie mit Versöhnung und Liebe und schafft so mitten im Feuer einen Ort, den das Feuer nicht angreifen kann. An diesem Ort der Vergebung und der Barmherzigkeit verliert das Feuer seine Macht. Und es wird allmählich von dem lauter gebliebenen Herzen ausgelöscht.

11.

DER ENGEL, DER AUS DER LÖWENGRUBE BEFREIT

Ähnlich wie in der Geschichte von den drei Jünglingen im Feuerofen klagen die königlichen Beamten Daniel an, er habe gegen das Gesetz verstoßen und zu seinem Gott gebetet, anstatt zum König. Nur ist diesmal der Perserkönig Darius dem verschleppten Juden Daniel freundlich gesinnt. Doch die anderen Könige, die Satrapen, sind neidisch auf Daniel. „Denn in ihm war ein außergewöhnlicher Geist." (Dan 6, 4) Darius ist hin- und hergerissen zwischen seiner Freundschaft zu Daniel und der Verpflichtung dem eigenen Gesetz gegenüber. Er möchte Daniel gerne erretten. Doch die Satrapen erinnern ihn an das unabänderliche Gesetz der Meder und Perser. So gibt er nach und läßt Daniel in die Löwengrube werfen. Dabei wünscht er seinem Freund, daß sein Gott ihn vor den Löwen errette. Darius kann die ganze Nacht nicht schlafen und kommt schon früh am Morgen zur Löwengrube und ruft nach Daniel. Daniel antwortet ihm: „Mein Gott hat seinen Engel gesandt und den Rachen der Löwen verschlossen. Sie taten mir nichts zuleide; denn in seinen Augen war ich schuldlos, und auch dir gegenüber, König, bin ich ohne Schuld." (Dan 6,23)

Der Löwe gilt als der König der Tiere. Er ist einmal Bild der Macht und Gerechtigkeit und wird oft neben dem Thron von Göttern und Herrschern dargestellt. Der Löwe kann Bild für Christus sein, der als „Löwe von Juda" bezeichnet wird. Aber er kann auch Bild des Teufels sein, der wie ein brüllender Löwe umhergeht und sucht, wen er verschlingen kann (vgl. 1 Petr 5,8). Er gilt als Bild für unheilvolle, bedrohliche und strafende Mächte. Und er ist Repräsentant ungezähmter Wildheit und unkontrollierter Aggressionen. Wenn Daniel zusammen mit den Löwen die ganze Nacht in der Grube verbringen muß, dann kann das heißen, daß er seinen eigenen Aggressionen ausgeliefert ist, seiner eigenen Wildheit, seinen mörderischen Impulsen. Aggressionen können eine positive Kraft sein. Sie wollen das Verhältnis von Nähe und Distanz regeln. Sie geben uns Mut, uns von andern abzugrenzen und uns gegen die Verletzungen anderer zu wehren. Aber es tauchen auch Aggressionen in uns auf, die uns schier zerreißen. Eine Frau erzählte mir, daß sie ihrem Mann gegenüber, der ihr das Leben als Alkoholiker zur Hölle machte, manchmal solchen Haß spürte, daß sie ihn am liebsten umbringen wollte. Sie erschrak vor ihren eigenen ungebändigten Aggressionen. Oder ein Mann rastet schier aus, wenn er einen Kollegen sieht, der ihn beim Chef verleumdet und gegen ihn intrigiert hat. Diese Aggressionen überfallen ihn und drohen ihn zu zerreißen, ohne daß er sich ihrer erwehren kann. Wenn Kinder aggressiv sind, werden ihnen die Aggressionen oft mit Gewalt ausgetrieben. Das führt dazu, daß sie ihre aggressiven Energien verdrängen, daß sie sich anpassen und brav werden. Doch dann richten sich die Aggressionen gegen sie selbst, sie werden depressiv und kraftlos. Sie brauchen ihre ganze Energie dazu, das Aggressionspotential unter Verschluß zu halten. Andere Kinder scheinen ihrer Aggression hilflos ausgeliefert zu sein. Sie wälzen sich auf dem Boden und schreien, bis sie blau werden. Je mehr die Eltern dann in Angst erstarren, desto ungebändigter werden die Aggressionen. Es braucht den Engel, der mit hinabsteigt in die Aggression des Kindes, um es vor ihrer Zerstörungswut zu beschützen. Es braucht das Vertrauen der Eltern, die ohne Angst auf die Aggressionen der Kinder eingehen, damit sie sich wandeln können.

Gott schickt seinen Engel zu Daniel in die Löwengrube und verschließt den Rachen der Löwen. Wenn der Engel seine schützende Hand über uns hält, dann bekommen wir Abstand zu unseren Aggressionen. Dann sind die Aggressionen nicht mehr reißende Mäuler, die uns beißen. Ihr Mund wird verschlossen. Sie beißen sich nicht mehr fest in unserer Seele. Wir leben neben ihnen und können mit ihnen umgehen. In vielen Mönchsgeschichten wird erzählt, daß die Mönche Löwen gezähmt haben. Wenn ein Mensch mit seinen Aggressionen zurecht kommt, wenn sie ihm dienen, anstatt ihn zu beherrschen, dann spüren das auch die Tiere und leben friedlich mit dem Menschen zusammen. Die kraftvolle Energie steht bereit, wenn man sie braucht. Ansonsten wohnt sie einträchtig bei uns, so wie die Löwen mit Daniel in der Grube. Daniel ist überzeugt, daß es ein Engel Gottes war, der den Rachen der Löwen verschlossen hat. Der Engel, der uns Gottes schützende Nähe vermittelt, beruhigt die Aggressionen, die uns zerfressen möchten. Daniel kann die ganze Nacht friedlich neben den

Löwen schlafen. Er wächst mit ihnen zusammen. Er wird mit ihnen vertraut. Aber er kann das nur, weil er sich vom Engel beschützt fühlt. Der Engel befähigt uns zu einem friedlichen Umgang mit den Aggressionen. Wir starren nicht mehr auf sie, sondern schauen sie ohne Angst an und beobachten sie, wie sie sich verhalten.

Die Nacht, die Daniel mit den Löwen verbringt, ist ein Bild für das Unbewußte. In unserem Unbewußten entscheidet sich, ob wir von aggressiven Kräften zerfressen werden oder friedlich mit ihnen umgehen können. In unseren Träumen begegnen wir oft Löwen, die uns verfolgen. Sie zeigen, daß wir vor der eigenen Aggression auf der Flucht sind, daß wir sie noch nicht angenommen haben. Im Traum erleben wir uns oft hemmungslos aggressiv. Da wehren wir uns gegen feindliche Menschen und manchmal töten wir sie sogar. In unserem Unbewußten sind mörderische Tendenzen, ungebändigte Aggressionen, tierische Kräfte. Aber wenn uns der Traum mit den Löwen in uns konfrontiert, so läßt er uns nicht damit allein. Im Traum spricht ja der Engel Gottes zu uns. Er steigt mit hinab in unsere Löwengrube, damit wir nicht zerrissen werden. Der Traum zwingt uns nicht nur, die Löwen in uns anzuschauen. Er zeigt uns auch einen Weg, uns mit ihnen anzufreunden und ihre Kräfte in unsere Psyche zu integrieren. Wenn wir solche Löwenträume im Gebet vor Gott meditieren, dann verlieren wir die Angst vor unseren ungezähmten Aggressionen. Im Gebet können wir mit den Löwen in uns ins Gespräch kommen und sie fragen, was sie uns sagen und worauf sie uns hinweisen möchten. Vielleicht entdecken wir dann, daß sie uns helfen möchten, daß sie uns vor feindlichen Menschen schützen, die ihr Neid dazu gebracht hat, uns zu schaden.

So erlebt es Daniel. Als er aus der Löwengrube befreit wird, werden seine Ankläger in die Grube geworfen. „Sie waren noch nicht am Boden der Grube angelangt, da stürzten sich die Löwen auf sie und zermalmten ihnen alle Knochen." (Dan 6, 25) Der Engel, der um Daniel herum oder in seinem Herzen war, hat ihn vor den Löwen geschützt. Die neidischen Menschen, die nicht auf ihren Engel hören, sondern von ihren Aggressionen beherrscht werden, werden von den Löwen zerrissen. Daniel ging es daraufhin gut unter dem König Darius. Wer seinem Engel traut und nicht voller Angst auf die Tatzen der Löwen starrt, der wird unter dem Schutz Gottes sicher seinen Weg gehen. Da können noch soviele Menschen in ihrem Neid und ihrer Eifersucht gegen sie kämpfen, sie werden keinen Schaden erleiden. Das ist die tröstliche Botschaft dieser biblischen Engelsgeschichte.

12.

Der Engel, der anrührt und aufweckt

Der wohl größte alttestamentliche Prophet, Elija, ein Mann voller Feuer, war in eine Krise geraten. Er hatte in einer großen Auseinandersetzung über die Baalspriester gesiegt und sie alle töten lassen. Er scheint auf dem Höhepunkt seines Erfolges zu stehen. Doch jetzt erhebt sich die Königin Isebel gegen ihn, um ihm nach dem Leben zu trachten. Da bekommt dieser kämpferische Mensch auf einmal Angst. Er mag nicht mehr. Er flieht in die Wüste, um sein Leben zu retten. Und dann holt ihn dort in der Einsamkeit die eigene Aggressivität ein. Er richtet sie gegen sich selbst. Er ist in die Wüste geflohen, um sein Leben zu retten. Doch jetzt hat er keine Lust mehr zu leben. Er wünscht sich den Tod. Er hat genug vom Kampf. Er kann nicht mehr. Er hat gegen die Baalspriester gekämpft in dem Bewußtsein, daß er Gottes Willen erfüllt. Doch jetzt hat er keine Motivation mehr für seinen Kampf. Er hat das Gefühl, daß sein ganzer Einsatz für Gott umsonst war. Er sieht keinen Ausweg als den

Tod. Er legt sich unter einen Ginsterstrauch und schläft ein. Der stacheltragende Ginsterstrauch ist ein Symbol für die Sünde des Menschen, derentwegen er seinen Acker voller Dornen und Disteln bestellen muß. Indem sich Elija unter den Ginsterstrauch legt, bekennt er, daß er genauso voller Sünden ist wie die Baalsverehrer, gegen die er so leidenschaftlich gekämpft hat. Er ist resigniert, enttäuscht über sich selbst.

„Doch ein Engel rührte ihn an und sprach: Steh auf und iß! Als er um sich blickte, sah er neben seinem Kopf Brot, das in glühender Asche gebacken war, und einen Krug mit Wasser. Er aß und trank und legte sich wieder hin. Doch der Engel des Herrn kam zum zweitenmal, rührte ihn an und sprach: Steh auf und iß: Sonst ist der Weg zu weit für dich. Da stand er auf, aß und trank und wanderte, durch diese Speise gestärkt, vierzig Tage und vierzig Nächte bis zum Gottesberg Horeb." (1 Kön 19, 5–8)

Für Elija ist das ganze Lebenskonzept zerbrochen. Und das Idealbild, das er sich von sich gemacht hatte, wurde ihm zerstört. In dieser Ausweglosigkeit kann er nicht mehr weiter. Es gibt für ihn keinen Weg mehr. Er hat keine Kraft mehr, kein Lebensziel mehr. Alles scheint versperrt. Dort, wo er sich selbst nicht mehr helfen kann, wo er am Ende ist, da kommt ein Engel auf ihn zu und berührt ihn. Er weckt ihn auf und weist ihn hin auf das Brot, das in glühender Asche gebacken ist, und auf das Wasser. Er weist ihn hin auf eine Kraft, die nicht aus ihm selbst kommt. Das Brot stärkt uns auf dem Weg: Es ist auch Bild für die spirituelle Nahrung. Das Brot, das in der Asche seiner verbrannten Hoffnungen gebacken wurde, ist Bild für das, was wirklich nährt, wenn die Illusionen verflogen sind. Das Wasser löscht nicht nur den Durst, sondern ist Verheißung, daß das Leben in uns wieder fließt, daß die Starre aufbricht und das Vertrocknete sich mit neuem Leben erfüllt. Wasser ist ein Bild für die Fruchtbarkeit und Erneuerung. Brot und Wasser weisen hin auf die Verwandlung, die in Elija geschieht, wenn ein Engel ihn in seiner Ausweglosigkeit anrührt und aufweckt. Es ist tröstlich, daß Elija die Botschaft des Engels zwar versteht, sich aber trotzdem wieder hinlegt und weiterschläft. Er nimmt die Stärkung gerne an, aber nur, um sich wieder in den Schlaf zu flüchten. Offensichtlich genügt es nicht, wenn der Engel ihn nur einmal anrührt.

Viele Menschen erkennen sich im Elija unter dem Ginsterstrauch wieder. Sie haben die Nase voll. Sie haben sich abgekämpft. Aber irgendwann kommen sie an die Grenze. Sie sind in eine Sackgasse geraten, aus der sie nicht mehr mit eigener Kraft herausfinden. Ihr Lebensgebäude ist ihnen zerbrochen. Sie wollten immer eine heile Familie schaffen. Jetzt fällt sie auseinander. Die Kinder gehen andere Wege. Der Ehepartner trennt sich. Jetzt haben sie keine Kraft mehr. Sie haben sich für eine lebendige Pfarrgemeinde eingesetzt. Doch jetzt ist ihr Einsatz nicht mehr erwünscht. Sie haben sich in ihrer politischen Partei für eine menschlichere Gesellschaft engagiert. Sie haben sich im Beruf verausgabt. Doch jetzt werden sie fallen gelassen. Ihre Ideen, ihre Aktionen, ihre Kräfte sind nicht mehr gefragt. In solchen Situationen brauchen wir einen Engel, der uns aufweckt. Manchmal ist es ein Mensch, der uns aufrüttelt und uns die Augen öffnet, der uns etwas schenkt, das uns wirklich stärkt. Seine Zuwendung und Liebe, seine Freundlichkeit und sein Verständnis nähren uns. Sie zeigen uns, daß unser Weg weiter geht. Aber manchmal fallen wir kurz darauf wieder in den gleichen Fehler. Jetzt denken wir, es hat alles nichts genützt. Aber da rührt uns nochmals ein Engel an und richtet uns auf. Er öffnet uns die Augen für das, was in unserem Leben schon bereit liegt an Ressourcen, aus denen wir schöpfen können. Und jetzt können wir uns auf den Weg machen. Allerdings ist es kein schöner angenehmer Spaziergang, sondern ein Weg, der uns vierzig Tage und vierzig Nächte durch die Wüste führt. 40 ist die Zahl der Verwandlung. Nach 40 Tagen taucht aus der Sintflut die erneuerte Welt auf. Nach 40 Jahren erreicht Israel das Gelobte Land, in dem es ganz es selbst sein darf.

Der Engel, der uns aufweckt aus unserem Todesschlaf, kann auch ein Wort sein, das wir hören, das wir irgendwo lesen. Wir haben es vielleicht schon oft überlesen. Aber jetzt auf einmal trifft es uns und rüttelt uns wach. Es kann die Erfahrung eines inneren Friedens sein, der auf einmal in uns aufbricht. Und der Engel kann in uns selbst sein. Er kann uns durch ein Traumbild auf Möglichkeiten hinweisen, die wir übersehen haben. Oder er läßt in uns eine Einsicht wachsen, die uns wieder aufstehen läßt. Wir wissen es oft nicht, woher der Engel kommt. Auf einmal fühlen wir uns angerührt und aufgeweckt. Oder es ist eine spirituelle Erfahrung, die uns aus heiterem Himmel trifft, bei einer Meditation, bei einem Spaziergang, beim Anblick eines Sonnenuntergangs. Plötzlich ist uns alles klar. Wir können aufstehen und uns auf den Weg machen.

Wenn wir unsere Lebensgeschichte auf dem Hintergrund der Elijaerzählung anschauen, dann werden wir immer wieder auf Engel stoßen, die uns aufgerüttelt haben. Je heftiger wir für etwas kämpfen, desto schlimmer wird die Erfahrung der Sackgasse, in die wir geraten. Wir können mit aggressiver Kraft nicht alle Baalspriester in uns und um uns herum besiegen. Je mehr wir gegen etwas kämpfen, desto stärker wird die Gegenkraft, die uns aus dem Bekämpften entgegen kommt. Was wir bekämpfen, will angeschaut und in unser Lebenskonzept integriert werden. Als ich vor 35 Jahren ins Kloster eintrat, dachte ich auch, ich könne mit meiner Disziplin und meiner Willenskraft alle Baalspriester in mir vernichten, ich könne meine Unbeherrschtheit bezwingen und meine Fehler und Schwächen ausrotten. Aber dann bin ich genauso auf die Nase gefallen wie Elija. Mein Leben erstarrte. Ich spürte, daß ich es nie schaffen würde. In meiner Ohnmacht mußte ich zugeben, daß ich auch nicht besser war als die anderen, als meine Väter, als die Mitbrüder, die ich ständig kritisierte.

Viele haben gedacht, alles besser zu machen als ihre Eltern. Sie wollten die Kinder besser erziehen, mit dem Ehepartner besser und klarer kommunizieren, als sie es bei den Eltern beobachtet haben. Aber irgendwann erkennen sie, daß sie auch nicht besser sind als ihre Eltern, daß sie die gleichen Fehler wiederholen, daß sie ihre Kinder genauso verletzen, wie sie als Kinder verletzt worden sind. Es braucht einen Engel, der sie aus diesem Teufelskreis herausholt. Aber es gibt ja auch diesen Engel. Wir müssen nur genau hinschauen, dann werden wir in jedem Augenblick unseres Lebens auch einen Engel neben uns entdecken, der uns anrührt und uns aus dem Schlaf unserer Illusionen aufweckt. Der Engel öffnet uns die Augen, so daß wir in unserer Nähe sehen können, was uns nährt. Selbst in der Wüste, dort wo alles öde und leer erscheint, gibt es Brot und Wasser, gibt es Liebe und Zuwendung, gibt es Freundschaft und Gemeinschaft Gleichgesinnter. Selbst wenn wir die Zuwendung nicht von Menschen erfahren, so ist in uns selbst eine Qualität der Liebe, mit der wir uns selbst lieben, in der wir uns selbst nahe sein können. Der Engel in uns verweist uns auf die Liebe, die schon in uns ist. Er befreit uns vom ständigen Jammern, daß keiner uns mag. Der Engel mag uns, und er bringt uns in Berührung mit dem Ort, an dem wir uns selbst mögen, an dem wir uns zu lieben vermögen.

Aber die Schule des Engels ist für Elija mit dem Aufstehen und Sich-auf-den-Weg-Machen noch nicht zu Ende. Nach 40 Tagen kommt er an den Gottesberg Horeb. Dort geht er in eine Höhle, um zu übernachten. Die Höhle ist ein Bild für den Mutterschoß. Nach der Wüstenwanderung sehnt er sich zurück nach mütterlicher Geborgenheit. Er möchte Gott als Mutterschoß erfahren. Aber Gott ruft ihn wieder heraus aus der Höhle. Er muß sich stellen. Er muß auf den Berg hinauf, auf dem der Wind ihm um die Nase weht. Und dann zeigt ihm Gott, daß er anders ist, als Elija ihn bisher gesehen hat. Gott ist nicht im Sturm, der die Felsen zerbricht. Gott ist nicht der, der mir alle Hindernisse aus dem Weg räumt und mich zu Begeisterungsstürmen hinreißt.

Gott ist nicht im Erdbeben. Ich möchte Gott oft so erfahren, daß sich alles in mir und um mich herum ändert, daß kein Stein auf dem andern bleibt, daß alles in mir bebt und zittert. Aber Gott finde ich nicht zuerst in seiner Macht, die alles Widergöttliche zerstört.

Gott ist nicht im Feuer. Das Feuer brennt alles Unvollkommene aus und reinigt es. Gott finde ich nicht in meinem Perfektionismus, der alle Fehler ausradieren möchte. Gott begegnet mir im „stillen, sanften Sausen" (Martin Luther), in der „Stimme verschwebenden Schweigens" (Martin Buber), in der „Stimme einer leisen Stille". Gott begegnet mir zart und sanft und leise. Als leise Stille, als zarter Atem, als lebendiger Hauch ist er zu erahnen. Der Engel, der Elija in diese sanfte und stille Gotteserfahrung einweist, möchte auch mich zu dem Gott führen, der mir vor allem in der Stille begegnet. Jede Krise, in die ich gerate, wird auch mein Gottesbild erschüttern. Da brauche ich einen Engel, der mich begleitet, wenn mir meine Gottesbilder zerbrechen, der mich einführt in das Geheimnis des ganz anderen Gottes, des Gottes, den ich erahne, wenn ich auf die stillen und leisen Töne meines Herzens höre, wenn ich wie Elija in mich gehe und mein Gesicht mit dem Mantel bedecke. Umhüllt, von äußerer Ablenkung geschützt, werde ich dann in die Stille hinaushorchen, um den Gott zu erahnen, der sich mir nur im Schweigen naht.

13.

DER ENGEL, DER UNS AUF ALLEN WEGEN BEHÜTET

Felix Mendelssohn-Bartholdy hat in seinem Oratorium „Elias" immer wieder Engel auftreten lassen, die den Propheten ansprechen und ihn trösten. Berühmt ist sein Engel-Quartett, in dem er die Worte aus Psalm 91 so vertont, daß die Engel in dieser heilenden Musik das Herz berühren und in es eintreten: „Denn er hat seinen Engeln befohlen über dir, daß sie dich behüten auf allen deinen Wegen, daß sie dich auf den Händen tragen, und du deinen Fuß nicht an einen Stein stoßest." Man fühlt sich beim Hören dieser Worte wirklich behütet und auf Händen getragen. Es ist eine heilende Musik, eine Musik gewordene Gotteserfahrung.

Seit jeher haben die Worte aus Psalm 91 die Menschen berührt. Auf unseren Wegen stoßen wir an viele Steine und verwunden uns an ihnen. Da begegnen uns Löwen und Nattern und Drachen, da begegnen wir feindlichen Aggressionen, giftigen Anfeindungen, vergifteten Atmosphären und Menschen, die uns aussaugen und verschlingen. Es sind archetypische Situationen, die der Psalm beschreibt. Wir fühlen uns oft hilflos angesichts der giftigen Worte neidischer Menschen. Wir können uns nicht wehren gegenüber Menschen, die uns mit ihren Übererwartungen vereinnahmen und uns nicht mehr freigeben. Doch der Psalm verheißt uns, daß der Engel uns dazu befähigt, über Löwen und Nattern und Drachen zu treten. (Ps 91, 13) Wenn wir mit dem Engel in uns in Berührung sind, dann können uns Löwen und Schlangen nichts anhaben. Der Engel bringt uns in Berührung mit dem unverwundbaren Bereich in uns, mit dem inneren Ort der Stille, in dem Gott selbst in uns wohnt. Dorthin kann kein Löwe dringen und keine Schlange sich einschleichen.

Zwei Bilder kennzeichnen den Engel, der uns vor Stolpersteinen, Löwen und Drachen beschützt. Er behütet uns, und er trägt uns auf seinen Händen. Behüten, das heißt, daß der Engel über uns und für uns wacht, daß er auf uns aufpaßt, wenn wir unaufmerksam sind und unachtsam unsere Wege gehen. Und Behüten meint, daß der Engel seinen „Hut", seine „Obhut" über uns wirft und uns schützend bedeckt. Er hüllt uns gleichsam in seine heilende Gegenwart ein, damit uns die feindlichen Geschosse aggressiver Menschen nicht treffen und das Gift verbitterter Emotionen uns nicht schaden kann. Und der Engel trägt uns auf seinen Händen. Er nimmt uns weg von der Erde, damit wir nicht ständig an die Steine stoßen, die im Weg liegen. Er trägt uns, damit wir die Hindernisse nicht mehr berühren. Er hebt uns auf eine andere Ebene empor, von der aus wir sehen können, was sich um uns herum abspielt, welche Spiele Menschen mit uns treiben. In seinen Händen haben wir ein höheres Niveau und gehen nicht mehr auf in den Reibereien des Alltags. Der Kontakt zum steinigen und staubigen Weg ist aufgehoben. Das befreit uns von der Macht der Folterspiele, denen wir oft genug ausgesetzt sind und in die wir uns so leicht hineinziehen lassen.

Wir dürfen die Vorstellung vom schützenden Engel nicht zu naiv sehen. Er bewahrt uns nicht vor schlimmen Situationen, die uns völlig überfordern und uns im Innersten verletzen. Er bewahrt ein Kind nicht vor dem Mißbrauch. Aber dennoch ist die Verletzung nicht das letzte Wort. Ich glaube an den Engel, der auch bei diesem Kind ist und es bedeckt mit einem Schutz, der das Innerste heil bewahrt, der den inneren Raum, in dem Gott wohnt, vor den Angriffen von außen verschließt. Ich glaube an den Engel, der das Kind auf seinen Händen trägt, damit es sich nicht wund stößt an den Steinen, die ihm die Menschen in den Weg legen, damit es über Löwen und Nattern schreiten kann. Trotz aller Verletzung haben Kinder etwas an sich, das sie unbeschadet über die giftigen Nattern schreiten läßt. Das ist für mich der Engel, der es auf Händen trägt. Wenn der Erwachsene in der Therapie oder geistlichen Begleitung seine verletzte Kindheit durchgeht, so soll er nicht nur auf die Löwen, Nattern und Drachen starren, denen er auf seinem Weg immer wieder begegnet ist. Er soll auch nach dem Engel suchen, der ihn behütet hat, der ein Auge auf ihn geworfen und über ihm gewacht hat, damit er nicht zugrunde gehe. Wenn er auf dem Weg seiner Verwundungen auch die Engelsspuren entdeckt, wird er seine Vergangenheit eher bewältigen können, als wenn er nur vor den Löwen und Drachen erschrickt und erstarrt. Der Engel ist auch jetzt bei ihm. Vielleicht hilft es ihm bei der Bewältigung seiner Lebensgeschichte, wenn er sich die wunderbare Tenorarie aus der Kantate von Johann Sebastian Bach zum Michaelis-Fest anhört. Dort singt der Tenor:

> „Bleibt, ihr Engel, bleibt bei mir!
> Führet mich auf beiden Seiten,
> daß mein Fuß nicht möge gleiten.
> Aber lehrt mich auch allhier,
> Euer großes Heilig Singen
> und dem Höchsten Dank zu bringen.
> Bleibt, ihr Engel, bleibt bei mir."

14.

DER ENGEL, DER FÜR UNS KÄMPFT (MICHAEL)

In einer Vision erlebt der Prophet Daniel, wie eine Gestalt, die wie ein Mensch aussieht, ihn stärkt und ihm zuspricht: „Fürchte dich nicht, du von Gott geliebter Mann. Friede sei mit dir. Sei stark, und hab Vertrauen." (Dan 10, 18 f) Die Gestalt teilt ihm mit, daß er mit dem Engelfürsten von Persien kämpfen wird: und dabei hilft ihm keiner außer dem Engelfürsten Michael. Weiter heißt es in der Vision: „In jener Zeit tritt Michael auf, der große Engelfürst, der für die Söhne deines Volkes eintritt." (Dan 12, 1) „Michael" heißt: Wer ist wie Gott? Am Erzengel Michael entscheidet sich meine Haltung zu Gott. Er weist mich darauf hin, nichts an die Stelle Gottes zu setzen, sondern Gott Gott sein zu lassen. Michael kämpft gegen alle Verabsolutierung irdischer Mächte, gegen die Vergötzung von Geld und Macht. Ich kann nur dann wahrhaft als freier Mensch leben, wenn ich Gott an die erste Stelle setze.

Seit jeher gilt Michael als der Engel, der für uns kämpft. Er besiegt den Drachen. Er ist der mutige Streiter für Gott. Er wird dargestellt als ritterlicher Engel mit Helm, Schild und flammendem Schwert. Er stürzt die Höllengeister in die Tiefe. In der Bibel wird er nur von Daniel, im Judasbrief und in der Offenbarung des Johannes genannt. Im Judasbrief wird eine jüdische Legende zitiert, nach der Michael mit dem Teufel um den Leichnam des Mose rang. Der Teufel wollte ihn für sich beanspruchen, weil er den Ägypter ermordert hatte. Doch Michael widerspricht ihm und entreißt ihm den Leichnam, um ihn in den Himmel zu führen. (Jud 9) In der Offenbarung des Johannes kämpft Michael als Anführer der Engel gegen den Drachen und wirft ihn auf die Erde: „Da entbrannte im Himmel ein Kampf; Michael und seine Engel erhoben sich, um mit dem Drachen zu kämpfen. Der Drache und seine Engel kämpften, aber sie konnten sich nicht halten, und sie verloren ihren Platz im Himmel. Er wurde gestürzt, der große Drache, die alte Schlange, die Teufel oder Satan heißt und die ganze Welt verführt." (Offb 12,7–9) Der Drache ist in vielen Religionen ein Bild für die gottfeindlichen Mächte. Michael ist der Engel, der in uns gegen alles kämpft, was Gott seinen Rang streitig machen möchte. Michael ist der Engel, der darüber wacht, daß im Himmel unserer Seele Gott herrscht und nicht der Satan, daß unser Herz sich an Gott hängt und nicht an die Verblendung dieser Welt. So steht Michael dafür ein, daß Gott in uns herrscht. Nur wenn Gott in uns herrscht, werden wir wahrhaft Mensch.

In einer Predigt des Cyrill von Jerusalem heißt es: „Als Christus auf die Erde zu den Menschen kommen wollte, erwählte der Vatergott eine gewaltige Kraft, die Michael hieß, und vertraute Christus ihrer Fürsorge an." (Tre 718) Michael ist kein niedlicher Engel, sondern ein Engel voller Kraft. Und diese Kraft sendet Gott jedem Menschen, damit er nicht von den Mächten dieser Welt besiegt wird. Das ist eine tröstliche Botschaft. Neben uns ist ein Engel, der für uns kämpft. Er tritt für uns ein, wenn Menschen gegen uns kämpfen, aber auch dann, wenn wir im Kampf mit uns selber liegen. Er kämpft vor allem für die Hilflosen und Schwachen und für die Kinder. Das haben die Kinder im Spätmittelalter verstanden: Da gab es große Kinderwallfahrten in die Normandie, zum Mont-Saint-Michel. Aus dem Rheinland, Bayern, Württemberg und der Schweiz strömten Kinder zu diesem heiligen Berg, auf dem der Erzengel Michael verehrt wurde. Offensichtlich spürten sie, daß sie in einer kinderfeindlichen Welt den starken Schutz dieses Engels brauchten, um wirklich leben zu können.

Ein Kind scheint der Macht destruktiver Kräfte schutzlos ausgeliefert. Wenn mir Erwachsene erzählen, wie ungeschützt sie der Willkür ihres jähzornigen Vaters ausgeliefert waren, wie der sie fast zu Tode geschlagen hat, wenn die Mutter nicht dazwischen gefahren wäre, dann kommt in mir eine große Wut auf. Und zugleich empfinde ich tiefes Mitleid mit diesem Menschen, der so hilflos der destruktiven Macht des Vaters oder auch der Mutter ausgesetzt war. Aber wenn ich dann darüber reflektiere, versuche ich den Vater zu verstehen, der vermutlich selbst eine schwere Kindheit erlebt hat und seine Verletzungen nun unbewußt weitergibt. Er leidet sicher selbst darunter. Aber er kann nicht anders. Er wird von seiner Aggression aufgefressen, und sie frißt sich durch ihn weiter und überwältigt die Kinder. Wenn ich dann an das Kind denke, hilft mir die Vorstellung, daß es trotz aller

Hilflosigkeit und Ungeschütztheit dennoch nicht völlig der Macht des Vaters ausgeliefert war, daß da der Engel Michael für es kämpfte und ihm eine innere Kraft verlieh, diesen Kampf zu überleben. Manchmal wundere ich mich, wie Menschen mit einer brutalen Kindheit dennoch halbwegs normal geblieben sind, ja daß sie Großes geleistet haben. Da ist Michael für sie eingetreten. Er hat für sie gekämpft und sie selbst durch die harten Auseinandersetzungen mit neuer Kraft ausgerüstet. In dieser Kraft können sie nun den Kampf ihres Lebens wagen.

Doch oft erlebe ich auch Menschen, die keine Kraft mehr haben, die zerbrochen wurden durch die grausamen Verletzungen ihrer Kindheit. Ich kann mit ihnen ihre Wunden anschauen, sie immer wieder besprechen. Aber es kommt der Punkt, an dem es nicht mehr weiter hilft, die Wunden nochmals anzuschauen. Ich kann ihnen auch keinen billigen Trost geben, daß es irgendwie schon besser werden wird, daß sie ihr Leben schon noch bewältigen werden. Da hilft die Vorstellung vom Engel Michael. Auf ihn sollen sie vertrauen. Dann werden sie trotz aller Gebrochenheit erahnen, daß sie nicht nur schwach sind, sondern daß in ihnen auch eine Kraft wohnt, die sie den Kampf des Lebens bestehen läßt. Das war wohl seit jeher der Sinn der Michaelsverehrung, daß die Menschen dadurch mit ihrer eigenen Kraft in Berührung kamen. Wenn ich die verletzten Menschen auf Michael hinweise, dann bekommen sie Abstand von ihren Verletzungen. Sie schauen auf zu der Kraft, die Gott ihnen zur Seite gestellt hat. Wenn sie sich vorstellen, daß der Erzengel Michael mit ihnen streitet, werden sie trotz aller schon erfahrenen Vergeblichkeit nicht aufgeben, sondern manchen Kampf wagen, vor dem sie bisher ausgewichen sind. Im Erzengel Michael fühlen sie sich in besonderer Weise geborgen und geschützt. Michael verweist auf die Kräfte, die in unserer Seele schlummern und die durch das Vertrauen in den Engel in uns wachgerufen werden.

15.

DER ENGEL, DER EIN KIND VERHEISST (GABRIEL)

Gabriel ist der dritte Engel, der in der Bibel mit Namen genannt wird. Sein Name bedeutet: Kraft Gottes oder Held Gottes. Seine Aufgabe wird im Lukasevangelium vor allem darin gesehen, die Geburt eines von Gott gesegneten Kindes anzusagen. Gabriel verheißt dem Zacharias, daß seine schon im vorgerückten Alter stehende Frau, Elisabeth, einen Sohn gebären wird. Er soll ihm den Namen Johannes geben, das heißt: Gott ist gnädig. Und Gabriel wird nach Nazaret gesandt zu einer Jungfrau, zu Maria. „Der Engel trat bei ihr ein und sagte: Sei gegrüßt, du Begnadete, der Herr ist mit dir ... Fürchte dich nicht, Maria; denn du hast bei Gott Gnade gefunden. Du wirst ein Kind empfangen, einen Sohn wirst du gebären; dem sollst du den Namen Jesus geben. Er wird groß sein und Sohn des Höchsten genannt werden." (Lk 1,28.30 f)

In Situationen, die aussichtslos sind, verheißt der Engel Gabriel ein Kind, einen neuen Anfang. Elisabeth, die wegen ihres

Alters kein Kind mehr erwartet, Maria, die Jungfrau, die keinen Mann erkennt, sie werden auf wunderbare Weise schwanger. Bei beiden Geburten spielen die Männer keine Rolle. Zacharias verstummt während der Schwangerschaft seiner Frau. Seine Meinung ist nicht gefragt. Joseph ist bei der Zeugung Jesu nicht beteiligt. Pietro Bandini meint, die Ankündigung der Geburt Jesu durch den Engel Gabriel sei eine „narzißtische Kränkung der männlichen Menschheitshälfte" (Bandini 98). Gott hatte im Alten Testament auf den Mann – auf Adam – gesetzt. „Diesmal setzt er auf die weibliche Seite: auf Maria und ihren Sohn Jesus, der sich durch seine Predigt der Liebe, durch seine außerordentliche Frauenfreundlichkeit, durch seine Verwerfung des Schwertes und aller Gewalt als der weltweit ,weiblichste' aller Propheten und Religionsstifter erweisen wird" (ebd. 98). Daher sei es kein Wunder, daß vor allem Männer so „unerbittliche Feldzüge gegen Engelwelt und Engelglauben führen sollten" (ebd. 99). Gabriel wird manchmal daher auch als weiblicher Erzengel angesehen, „als eine Art himmlische Hebamme für gutes Gelingen der Geburten" (ebd. 149).

Das Motiv, daß ein Engel die Geburt des göttlichen Kindes verheißt, finden wir in allen Religionen. Es ist ein archetypisches Bild, das auch für uns heute noch eine Bedeutung hat. Es sagt uns, daß mit jeder Geburt die Verheißung eines Engels verbunden ist, daß dieses Kind wertvoll ist, groß ist, Sohn oder Tochter des Höchsten ist, und daß es eine wichtige Aufgabe in dieser Welt hat. Über der Geburt jedes Kindes steht ein Engel. So sahen es die Kirchenväter. Geburt ist nicht nur ein biologischer Vorgang, sondern immer ein Geheimnis, eine Verheißung von etwas Neuem und noch nie Dagewesenem. Die beiden Verheißungsgeschichten in Lk 1 sollen uns den Blick öffnen für das Geheimnis unserer eigenen Geburt. Auch über unserer Geburt steht der Engel Gabriel. Gott hat ihn gesandt, damit unsere Eltern ein Kind gebären, damit durch uns etwas Neues in dieser Welt aufscheint, ein neues und einmaliges Bild Gottes. Und wir haben eine Sendung. Wir leben nicht nur einfach dahin. Es ist zu wenig, wenn wir nur überleben. Wir sollten auf dem Hintergrund unserer Geburtsgeschichte erahnen, was unsere Sendung ist. Und wir sollten mit dem Engel in Berührung kommen, der über unserer Geburt wachte. Dann werden wir das Geheimnis erahnen, das wir sind. Wir werden uns nicht mehr wertlos vorkommen, sondern die einmalige Würde entdecken, die Gott uns verliehen hat.

Geburt meint nicht nur die Geburt am Anfang des Lebens. Wir müssen in unserem Leben immer wieder von neuem geboren werden, damit unser Leben lebendig bleibt. Eine Krise, die alles zerbricht, was wir bisher aufgebaut haben, kann eine Chance zu einer Neugeburt sein. Das Feuer, in das wir geraten, kann ein Bild für das Neue sein, das in uns geboren werden will. Die Mystiker haben das Bild der Gottesgeburt im Menschen geliebt. Der geistliche Weg besteht darin, daß Gott in uns geboren wird. Wenn Gott in uns geboren wird, dann kommen wir in Berührung mit dem wahren und ursprünglichen Selbst, dann wird unser Leben heil und ganz. In unseren Krisenzeiten, in Zeiten der Aussichtslosigkeit, des verzehrenden Feuers, sollten wir Ausschau halten nach dem Engel Gabriel. Wir können mit ihm ins Gespräch kommen und ihn fragen, was er uns verheißt. Über jedem von uns steht auch eine Verheißung. So sehr wir unsere Lebensgeschichte anschauen und bearbeiten müssen, so ist es doch genauso wichtig, nach vorne zu blicken und die Verheißung zu erkennen, die uns geschenkt ist. Wir haben eine Sendung. Wir haben eine Zukunft. Wir schauen die Geschichte an, nicht um darin stecken zu bleiben, sondern um daraus zu lernen, wozu wir gesandt sind und was uns verheißen ist.

Gabriel ist nicht nur der Engel, der verheißt, sondern auch der, der deutet. So hört Daniel eine Menschenstimme, die ruft: „Gabriel, erkläre ihm die Vision! Da kam er auf mich zu. Als er näher trat, erschrak ich und fiel mit dem Gesicht zu Boden. Er sagte zu mir: Mensch, versteh: Die Vision betrifft die Zeit des Endes." (Dan 8, 16 f) Gabriel deutet uns unsere Visionen. Er läßt uns verstehen, was wir in unserem Herzen erahnen. Es genügt nicht, wenn uns eine Geburt, ein neuer Anfang, verheißen wird. Wir müssen auch verstehen, was Gott in uns wirken möchte. Nur wenn wir unser Leben richtig deuten, kann es gelingen. Nur wenn wir verstehen, was wir im Innern sehen, können wir unser Leben meistern. Der Engel Gabriel verheißt uns die Geburt des göttlichen Kindes in uns, und er läßt uns verstehen, was Gott an uns und in uns tut. Und Gabriel ist der Engel, der unsere Geburt als Art „himmlische Hebamme" begleitet. Jede Geburt tut auch weh. Wir müssen hindurch durch den dunklen Geburtskanal, damit wir die Weite und Freiheit des Lebens erfahren dürfen. Gabriel ist der weibliche Engel, der wohl erotischste Engel, von dem uns die Bibel berichtet. Die erotische Ausstrahlung Gabriels haben die Maler auf vielen Verkündigungsszenen dargestellt. Gabriel will uns in Berührung bringen mit unserer Seele. Helmut Hark versteht „unter der Erotik der Engel deren anregende Wirkung und deren erregende Kraft in unserer Seele" (Hark 49). Gabriel möchte uns befruchten wie Maria, damit auch unsere Seele schwanger wird von Gottes Wort, damit Gottes Wort auch in uns Fleisch annimmt. Gabriel steht für die erotische Dimension der Spiritualität. Geistlich leben heißt zugleich erotisch sein, von Gottes Liebe durchdrungen werden, so daß der ganze Leib diese Liebe widerstrahlt.

16.

DER ENGEL, DER DIE FREUDE VERKÜNDET

Am beliebtesten sind Engel in der Weihnachtszeit. Der Weih-nachtsengel schmückt die Schaufenster und die Wohnungen. Jeder hört an Weihnachten fasziniert die Erzählung von der Ge-burt Jesu, bei der der Engel eine so entscheidende Rolle spielt: „In jener Gegend lagerten Hirten auf freiem Feld und hielten Nachtwache bei ihrer Herde. Da trat der Engel des Herrn zu ih-nen, und der Glanz des Herrn umstrahlte sie. Sie fürchteten sich sehr, der Engel aber sagte zu ihnen: Fürchtet euch nicht, denn ich verkünde euch eine große Freude, die dem ganzen Volk zuteil werden soll: Heute ist euch in der Stadt Davids der Retter geboren; er ist der Messias, der Herr. Und das soll euch als Zeichen dienen: Ihr werdet ein Kind finden, das, in Windeln gewickelt, in einer Krippe liegt. Und plötzlich war bei dem En-gel ein großes himmlisches Heer, das Gott lobte und sprach: Verherrlicht ist Gott in der Höhe, und auf Erden ist Friede bei den Menschen seiner Gnade." (Lk 2, 8–14)

Kinder sind immer noch fasziniert von dem Weihnachtsengel, der den Hirten auf dem Feld erscheint. Da öffnet sich für sie der Himmel, und der kalte und dunkle Winter wird hell und warm. Wohl keine Zeit verzaubert die Kinder so wie die Weihnachtszeit. Da ahnen sie, daß die Welt nicht nur kalt ist. Sie begegnen an Weihnachten nicht mehr den gefrorenen Gefühlen der Eltern. Selbst kalte Herzen tauen da auf und öffnen sich. An Weihnachten kommt den Kindern eine Liebe entgegen, die aus einer andern Welt stammt. Und diese Liebe können sie am besten am Engel festmachen. Der Engel ist für sie Bild der reinen Liebe. Und er ist für sie eine Ahnung von einer heilen Welt. Ihre zerrüttete und verletzte Welt bekommt einen Schimmer von Heil und Frieden. Der Zauber von Weihnachten läßt sie erahnen, daß sie in ihrem Haus nicht nur geduldet und ertragen sind, sondern geborgen und wertvoll. In ihrem Haus wohnen nicht mehr nur Haß und Streit, sondern da ist mit dem Engel eine andere Welt eingetreten, da wird ihr unwirtliches Haus auf einmal zur Heimat.

Es sind zweierlei Engel, von denen uns Lukas in seiner Weihnachtsgeschichte erzählt. Der erste Engel ist der Engel, der den Hirten die große Freude verkündet, die dem ganzen Volk zuteil werden soll, weil der Retter, der Messias, geboren ist. Das ist wohl ein wesentliches Bild für den Engel. Durch ihn kommt Freude in diese Welt. Er verwandelt die Welt. Die Nacht der Hirten wird hell vom Glanz, der vom Engel ausgeht. Die Hirten, die Nachtwache bei ihrer Herde halten, erinnern uns an die schlaflosen Nächte, in denen wir uns hin und her wälzen, in denen wir vor lauter Grübeln nicht einschlafen können, in denen Angst und Verzweiflung uns den Schlaf rauben. Die schlaflose Nacht wird hell. Die Sinnlosigkeit unseres Grübelns wird beantwortet durch den Retter und Heiland, der uns errettet aus Angst und Verzweiflung, der unsere Wunden heilt. Was den Hirten bei ihrer Nachtwache geschieht, das kann auch heute immer wieder Wirklichkeit werden, nicht nur an Weihnachten, sondern immer, wenn unsere Nacht sich wandelt, wenn die Dunkelheit unseres Herzens hell wird und unser aufgezwungenes Wachen eine Antwort erhält.

Erwachsene erzählen mir, wie sie als Kinder oft nächtelang wach gelegen sind. Sie zweifelten an der Liebe der Eltern. Sie wußten nicht mehr ein noch aus. Alles, was sie machten, war verkehrt. Sie konnten es den Eltern nie recht machen. Sie lagen wach, weil sie Angst hatten, die Eltern würden wieder streiten, der Vater könnte die Mutter schlagen oder die Eltern könnten sie verlassen. Dann wären sie mutterseelenallein. Wenn in solche Nächte ein Engel tritt und die große Freude verkündet, daß da ein Heiland geboren wird, der ihre Ängste heilt, dann wird das Kind wieder ruhig. Dann kann es schlafen. Der Engel wacht für es. So braucht es selbst nicht mehr zu wachen. Ilse Aichinger hat in ihrer Erzählung „Engel in der Nacht" aus dem Jahre 1949 geschildert, wie zwei Schwestern, 7 und 15 Jahre alt, sich nach der Erfahrung des Engels sehnen, um ihr hoffnungsloses Alleinsein und Unverstandensein zu überwinden. In dieser Erzählung klingt die eigene Erfahrung als halbjüdisches Mädchen im Dritten Reich an. Dort war Ilse Aichinger wirklich alleingelassen. Dort hat man ihr die Kindheit gestohlen. Der einzige Weg, sich in dieser Nacht der Brutalität und Verfolgung zu behaupten, war der Glaube an den Engel. „Besser keine Welt als eine ohne Engel", sagt die jüngere Schwester. Aber ihre Welt wird zerstört. Und die ältere

113

Schwester, die der jüngeren Engel sein will, endet im Wahn und begeht Selbstmord. Für viele Kinder ist der Glaube an den Engel, der Licht in die Nacht bringt und Freude in die Trostlosigkeit, überlebensnotwendig. Nur weil der Engel die Nacht erhellt, kann das Kind sie aushalten. Nur weil der Engel die große Freude verkündet, können sie die Trostlosigkeit und Hoffnungslosigkeit ihres Alltags bestehen.

Neben dem Engel der Verkündigung erscheint in der Weihnachtsgeschichte ein ganzes Heer von Engeln, die Gott loben und den Menschen den Frieden verkünden. Sie werden in der bildenden Kunst oft als kindliche Engel dargestellt, die voller Lebensfreude auf ihren Instrumenten blasen oder mit vereinten Kräften zur Freude Gottes und der Menschen singen. Hier wird etwas von der Leichtigkeit des Seins sichtbar, die die Engel verkörpern. Durch die Engel wird alles leichter, lichter, froher. Da kann man wieder singen. Kinder singen oft, wenn sie allein sind, wenn sie sich in der Nacht ihres Lebens einsam fühlen, wenn sie von den Eltern alleingelassen werden. Singen ist für sie Therapie. Da kommen sie in Berührung mit einer anderen Welt, mit einer Welt der Freude und der Ausgelassenheit. Manche Kinder können nur überleben, wenn sie gegen das Geschrei ihres jähzornigen Vaters oder gegen das ständige Herumnörgeln der Mutter ihre eigenen Lieder singen. In ihrem Singen grenzen sie sich ab vom negativen Lärm ihrer Umwelt und spüren in ihrem eigenen Herzen eine Freude, die ihnen niemand nehmen kann. Die therapeutische Funktion des Singens gilt nicht nur für Kinder. Auch für Erwachsene kann es heilsam sein, wenn sie die kindlichen Engel der Freude wieder in sich einlassen und es wagen, in der Badewanne oder beim Kochen oder Spazierengehen vor sich herzusingen. Wir hatten einen Tünchner, der im Kirchenchor sang. Er hat auch oft bei der Arbeit gesungen. Da war die Arbeit nicht mehr Last, sondern Lust. Da standen ihm seine eigenen Probleme nicht mehr im Weg, da eröffnete ihm das Singen einen Weg zum Leben und zur Freude.

Die Weihnachtsengel, so meint Pietro Bandini, bilden eine „Verschwörung der Liebe" (Bandini 105). Die Weihnachtsengel verbinden Himmel und Erde miteinander, Göttliches und den Menschen, die Hirten und das neugeborene Messiaskind. Auch sie haben wie Gabriel eine erotische Ausstrahlung. Künstler haben die Weihnachtsengel oft als erotische kindliche Gestalten mit Flügeln dargestellt. Engel existieren ja im Zwischenbereich zwischen der göttlichen und menschlichen Welt. In ähnlicher Weise ist die Erotik ein Zwischenbereich zwischen Menschen, zwischen Mann und Frau. Da strömt es hin und her. Die weihnachtlichen Engel öffnen uns den Himmel und geben uns das Gefühl, daß es zwischen Gott und Menschenwelt hin- und herströmt, daß da ein Strom der Liebe hin- und herfließt. Das beflügelt unsere Seele. Die erotische Ausstrahlung der Weihnachtsengel wirkt heilend und belebend auf unsere Seele. Die Engel öffnen unsere Seele für eine andere Welt, für die Welt der göttlichen Liebe, die sich bis in unsere Nacht und Dunkelheit hinabneigt. Wenn zwei Menschen sich verlieben, eröffnet sich für sie auch eine neue Welt. Die Weihnachtsengel vermitteln uns, daß zwischen Gott und uns eine ähnliche Liebe strömt wie zwischen Verliebten. Wenn wir sie in uns einlassen, dann wird unser Leben erneuert, dann werden wir auch als Erwachsene noch von Weihnachten verzaubert und trauen trotz aller Enttäuschung der Liebe, die mit den Weihnachtsengeln in unsere Welt hineinstrahlt.

17.

DER ENGEL, DER IM TRAUM ERSCHEINT

Matthäus erzählt uns die Geburtsgeschichte Jesu aus der Perspektive des Josefs. Josef erscheint im Traum immer wieder ein Engel. Der Engel deutet ihm das Geschehene. Josef hatte nicht verstanden, daß seine Verlobte schwanger war. Er wollte sie heimlich entlassen. Jetzt greift ein Engel ein, der ihm im Traum verständlich macht, was mit seiner Verlobten Maria geschehen war. Er sagt zu ihm: „Josef, Sohn Davids, fürchte dich nicht, Maria als deine Frau zu dir zu nehmen; denn das Kind, das sie erwartet, ist vom Heiligen Geist. Sie wird einen Sohn gebären; ihm sollst du den Namen Jesus geben; denn er wird sein Volk von seinen Sünden erlösen." (Mt 1, 20f) Der Verstand, ja selbst die innere Lauterkeit des Josef – seine Gerechtigkeit – war nicht dazu imstande, die Schwangerschaft seiner Verlobten zu erklären. Da muß ein Engel zu Hilfe kommen. Und der Engel kommt bei Josef immer im Traum. Später, als das Kind von Herodes verfolgt wird, erscheint Josef nochmals ein Engel im Traum und fordert ihn auf: „Steh auf, nimm das Kind und seine Mutter, und flieh nach Ägypten; dort bleibe, bis ich dir etwas anderes auftrage; denn Herodes wird das Kind suchen, um es zu töten." (Mt 2, 13) Und als Herodes gestorben war, erscheint ihm wieder ein Engel im Traum und befiehlt ihm, zurückzukehren. Josef reagiert immer sofort auf den Engel. Er steht auf und tut, was der Engel ihm gesagt hat.

Der Traum ist auch heute für viele der Ort, an dem sie dem Engel begegnen. Seit jeher glauben die Menschen daran, daß es ein Engel ist, der uns einen Traum sendet. Der Engel kann uns durch den Traum vor Gefahren warnen. Er kann uns aber auch die Wirklichkeit deuten, damit wir sie richtig verstehen. Und er kann uns eine Verheißung geben, eine Frohe Botschaft verkünden. Er zeigt uns an, wenn etwas Neues in uns geboren werden will. Der Engel im Traum begleitet unseren inneren und äußeren Weg. Er sagt uns, wann wir zu neuen Ufern aufbrechen und wann wir wieder heimkehren sollen. Manchmal zeigt uns der Engel im Traum auch eine ganz andere Welt, eine Welt voller Lebendigkeit und Buntheit. Gerade bei Menschen, die in einer sehr eingeengten Umwelt leben, die von andern bestimmt und drangsaliert werden, eröffnet der Traumengel eine weite Welt, in der sich der Träumende frei und voller Phantasie fühlt. Der Traum zeigt uns den inneren Schatz, den uns niemand rauben kann. Und oft genug gibt er bei Menschen, die sich krank fühlen und keine Hoffnung haben, daß sie aus ihren krankmachenden Mustern herausfinden, den Beginn der Heilung an. Im Innern ist nicht nur die Krankheit, das neurotische Problem. Da ist auch ein Engel, der uns berührt, der unsere Wunden heilt.

Wenn mir jemand seine Träume erzählt, erlebe ich sie oft

wie Engel, die ihm zu Hilfe kommen, damit er sein Leben bewältigen kann. Im Traum versetzt uns der Engel in eine andere Welt, in der wir uns daheim fühlen, in der wir geachtet sind, in der wir frei sind und im Einklang mit uns selbst. Solche Träume bewirken in uns oft tiefere Heilung als das Sprechen über unsere Probleme. Im Innern wissen wir auf einmal die Lösung, da haben wir einen Weg gefunden, wie wir weiter gehen können. Wenn ich Kinderträume anschaue, so sind da allerdings nicht nur Träume von einer bunten Welt, die das Kind aus seiner engen Welt herausführen. Kinder träumen auch häufig von Schlangen, Bären, Hunden, die sie angreifen. Daher haben sie oft Angst vor der Nacht. Denn da tauchen sie in eine Welt, in der solche Ungeheuer sie bedrohen. Es hilft nichts, ihnen ihre Träume auszureden. Man muß mit ihnen ihre Träume anschauen, in sie einsteigen und ihnen in ihrer Traumsprache antworten. Manchen hilft, daß sie ihre Kuscheltiere beim Einschlafen umarmen. Dann haben sie das Gefühl, daß sie der Bär in ihrem Arm vor allen bedrohlichen Tieren im Traum beschützen wird. Genauso kann man ihnen sagen, daß sie im Traum auch ein Engel begleitet, der sie vor den Gefahren bewahrt. Der Engel läßt sie rechtzeitig aufwachen, so daß sie nie verschlungen werden. Der Engel läßt nicht zu, daß ihnen ein Haar gekrümmt wird. Manchen Kindern helfen Bilder von Engeln über ihrem Bett. Wenn sie die abends anschauen, dann wissen sie sich auf Händen getragen und geschützt.

Für Kinder sind aber nicht nur ihre nächtlichen Träume wichtig, sondern auch ihre Tagträume. Da können sie sich ihre eigene Welt erschaffen, in der sie geborgen und geliebt sind, in der sie Abenteuer erleben und im Mittelpunkt der Aufmerksamkeit stehen. Die Fähigkeit, solche Tagträume zu träumen, befreit das Kind aus den allzu rohen Konflikten des Alltags. Es erlebt dann nicht nur das Chaos zwischen den Eltern, sondern auch eine Welt, in der sich eine liebende Mutter um es sorgt und ein Vater es bei seinen Abenteuern begleitet. Für manche Kinder sind solche Tagträume lebensrettend. Natürlich können sie auch zu einer Gefahr werden, wenn ein Kind zu sehr in dieser eigenen Traumwelt lebt und vor der Wirklichkeit flieht. Aber eine Zeitlang kann es für ein Kind heilsam sein, einer unerträglichen Situation durch Tagträume zu entrinnen. In diesen Tagträumen kommen Elfen und Feen vor, da existieren die Engel genauso selbstverständlich wie die Menschen. Sie sind vertraute Begleiter. Man kann mit ihnen sprechen. Und sie heben die Kinder auch mal in die Lüfte, damit sie alles von oben anschauen. In diesen Tagträumen kann Herodes sie nicht verfolgen. Da reicht seine Macht nicht hin. Die Träume künden ihnen vom Tod des Herodes. So können sie aus den Tagträumen immer wieder in die reale Welt zurückkehren, ohne Angst vor denen, die sie bedrohen.

Das klassische Abendgebet ist immer auch ein Gebet um gute Träume: „Herr, kehre ein in dieses Haus und laß deine heiligen Engel hier wohnen. Sie mögen uns behüten, damit wir in Frieden ruhen. Und dein Segen bleibe allezeit über uns." Wir beten, daß Gott seine heiligen Engel senden möge. Sie sollen uns Antwort geben auf unsere Fragen. Sie sollen uns eine Lösung aufzeigen, wenn wir nicht weiter wissen. Sie sollen uns helfen, uns richtig zu entscheiden. Die Engel machen uns im Traum auf Gefahren aufmerksam, die uns drohen. Sie geben uns aber auch die Heilmittel an, die wir brauchen. Der Engel im Traum ist ein wichtiger Begleiter auf unserem Weg. Er warnt uns, wenn wir etwas Wichtiges in unserem Leben übersehen. Er gibt uns die Schritte an, die wir auf unserem inneren Weg weiter gehen sollen. Und er schenkt uns oft die Gewißheit, daß Gott wirklich bei uns ist und in unser Leben eingreift. Der Traumengel verkündet uns – ähnlich wie Josef –, daß auch wir ein göttliches Kind sind, das von Herodes verfolgt wird, das der Feindschaft von Menschen ausgesetzt ist, das aber unter dem besonderen Schutz Gottes steht. Auch unser Leben wird gelingen, selbst wenn es nach außen hin nicht so aussieht. Der Traum ist für viele Menschen der Ort, an dem sie Nacht für Nacht ihrem Engel begegnen und von ihm Weisung für den kommenden Tag empfangen. Wohl dem, der wie Josef dann aufsteht und tut, was der Engel ihm aufgetragen hat.

18.

DER ENGEL, DER DEM LEBEN DIENT

Der Engel tritt nicht nur im Traum in unsere Welt ein. Er ist auch mitten in unserer Wüste, in unserer Verlassenheit, in unserer Einsamkeit bei uns. Das wird deutlich in der Szene der Versuchung, wie sie Markus in seinem Evangelium in zwei kurzen Versen beschreibt: „Danach trieb der Geist Jesus in die Wüste. Dort blieb Jesus vierzig Tage lang und wurde vom Satan in Versuchung geführt. Er lebte bei den wilden Tieren, und die Engel dienten ihm." (Mk 1, 12 f) Während die Engel bei Markus Jesus während seiner ganzen Wüstenzeit mit Nahrung versorgen, treten sie bei Matthäus erst nach der Versuchung zu Jesus, um ihm zu dienen (Vgl. Mt 4, 11). Sie verwandeln den Berg der Versuchung in den Berg des Paradieses.

Jesus ist in der Wüste. Das griechische Wort „eremos" bedeutet: Einöde, ein unbebauter, einsamer, verlassener Ort. Dort wird Jesus vom Satan versucht. Aber der Satan kann ihn nicht besiegen. Und die wilden Tiere können ihm nichts anhaben. Er lebt mit ihnen zusammen. Denn Engel sind um ihn und dienen ihm. Das griechische Wort dafür, „diakonein" meint: bei Tisch dienen, mit Speise aufwarten. Die Engel ernähren ihn, und sie umsorgen ihn. Sie versorgen ihn mit allem, was er zum Leben braucht. Satan steht für den Abfall von Gott. Er versucht Jesus dahin zu bringen, daß er auf seine eigene Größe baut, anstatt sich Gott zur Verfügung zu stellen. Matthäus und Lukas haben die Versuchung Jesu konkretisiert als Versuchung, alles für sich zu vereinnahmen, als Versuchung zur Macht und als Versuchung, Gott für sich zu benutzen, um vor den Menschen als großer Guru und Wundertäter dazustehen. Jesus widersteht dieser Versuchung. Er bleibt im Dienst Gottes, durchlässig für Gott, gehorsam seinem Willen. Die wilden Tiere stehen in der Mythologie immer für die Triebe und Leidenschaften, für Vitalität und Instinktsphäre, und für Sexualität. Da Jesus diesen Bereich der Vitalität und Sexualität in sein Menschsein integriert, lebt er friedlich mit den wilden Tieren. Die Engel sind um ihn und dienen ihm. Die Engel verwandeln die Wüste in das Paradies. Jesus ist der neue Adam, der Mensch, der nach Gottes Bild gestaltet ist, dem die Erde untertan ist und der das einmalige und ursprüngliche Bild Gottes hier auf Erden sichtbar macht.

Engel verwandeln auch für uns die Wüste in das Paradies, die Einöde in Heimat. Sie dienen uns dort, wo wir vom Leben abgeschnitten sind, wo unser Menschsein bedroht ist durch die Fallen, in die wir immer wieder hineintappen, oder durch Gefühle, die uns zerreißen. Sie dienen uns, damit das Leben in uns aufblühen kann. Es gibt Kinder, die erleben ihren Lebensraum oft als Wüste, als Einöde, in der sie sich einsam und verlassen vorkommen, in der sie vom Leben abgeschnitten sind.

Alles ist wüst und leer, dumpf, ohne Sinn, ohne Beziehung. Es läuft einfach so weiter. Auf Dauer könnten Kinder in solch einer Wüste nicht überleben, wenn nicht immer wieder Engel für sie sorgen und ihnen dienen. Da entfaltet ein Kind trotz der äußeren Dumpfheit eine Lebendigkeit und Lebensfreude, Spontaneität und Phantasie, daß man sich wundert, woher es das hat. Es ist ein Engel, der in der Wüste für es sorgt. Und der Engel, der es begleitet, schützt es auch vor den wilden Tieren, vor der eigenen Leidenschaft, die sonst grenzenlos wäre, und vor den unbeherrschten Aggressionen der Erwachsenen. Das Kind könnte sich nicht gegen diese überstarke Aggressivität der Erwachsenen schützen, wenn nicht ein Engel zu seiner Seite stünde.

Nicht nur Kinder erleben solche Wüstenzeiten. Jeder gerät in seinem Leben immer wieder in die Versuchung. Da stellt ihm der Satan Fallen. Es können die Lebensmuster der Vergangenheit sein, in die er immer wieder hineinfällt. Da tappt einer immer wieder in das Muster, daß er die Schuld bei sich sucht, daß er sich selbst entwertet. Da setzt sich ein Priester immer wieder unter Druck, alles perfekt zu machen. Denn jeder kleinste Fehler ruft das alte Muster seiner Kindheit auf den Plan. Er wurde beschimpft und geschlagen, sobald er einen Fehler machte. Und jeder kleine Fehler wurde sofort verallgemeinert. Alles in ihm wurde schlecht gemacht, er sei ein absoluter Taugenichts. Immer wieder fällt dieser Priester in das alte Muster zurück, das ihn am Leben hindert. In solchen Versuchungen braucht er den Engel, der dem Leben dient, der ihn vor den Fallen bewahrt, damit er an das Leben in sich und an die eigenen Stärken und Fähigkeiten glauben kann. Wir werden immer wieder mit den wilden Tieren in uns konfrontiert, mit unsern Leidenschaften und Trieben. Wir können die wilden Tiere in uns nicht besiegen. Wir können nur friedlich mit ihnen zusammen leben, wenn die Engel uns dienen. Wenn die Engel unser Selbst stärken, dann haben wir keine Angst vor den wilden Kräften in uns. Im Gegenteil, dann werden sie verwandelt, dann dienen uns diese Kräfte und werden zum Zeichen unserer Lebendigkeit und Kraft.

19.

Der Engel, der sich mit mir freut

Im Lukasevangelium erzählt uns Jesus das Gleichnis von der verlorenen Drachme. „Wenn eine Frau zehn Drachmen hat und eine davon verliert, zündet sie dann nicht eine Lampe an, fegt das ganze Haus und sucht unermüdlich, bis sie das Geldstück findet? Und wenn sie es gefunden hat, ruft sie ihre Freundinnen und Nachbarinnen zusammen und sagt: Freut euch mit mir; ich habe die Drachme wiedergefunden, die ich verloren hatte. Ich sage euch: Ebenso herrscht auch bei den Engeln Gottes Freude über einen einzigen Sünder, der umkehrt." (Lk 15, 8–10)

Zehn ist die Zahl der Ganzheit. Wenn die Frau eine Drachme verloren hat, hat sie ihre Mitte verloren, ist sie aus ihrer Mitte gefallen. Jetzt zündet sie die Lampe ihres Bewußtseins an und sucht in ihrem Lebenshaus nach der Drachme. Für die Kirchenväter ist die Drachme Symbol für das Bild Christi, das in uns selbst ist, für das wahre Selbst, für den göttlichen

Kern in uns. Wenn die Frau ihr ursprüngliches und unverfälschtes Bild Christi wieder gefunden hat, feiert sie mit ihren Freundinnen und Nachbarinnen ein Fest der eigenen Selbstwerdung. Und Jesus vergleicht nun dieses Fest eines Menschen, der zu seinem wahren Wesen gefunden hat, mit der Freude, die bei den Engeln Gottes herrscht, wenn ein einziger Sünder umkehrt. Die Engel feiern im Himmel das Fest unserer Menschwerdung. Wenn wir zu uns selbst finden, dann freuen sich die Engel. Denn das ist ihr ganzes Streben, daß unser Leben gelingt, daß wir so leben, wie es von Gott her gemeint ist. Jeder Mensch braucht im Haus seiner Seele Engel, die sich mit ihm freuen, wenn ihm das Leben glückt, die seinem Geist Flügel verleihen und sein Herz mit Freude erfüllen.

Das Wort für Sünder meint einen Menschen, der sein Ziel verfehlt hat, der an sich und seiner Wahrheit vorbeilebt, der an Gott vorbeilebt. Wenn er seine Wegrichtung ändert, wenn er wieder den Weg findet, der zum Leben und zu Gott führt, dann freuen sich die Engel mit ihm. Und die Engel helfen mit, daß ein Mensch, der in die Irre gegangen ist, wieder umkehrt und den richtigen Weg weitergeht. Das griechische Wort „metanoein" heißt eigentlich: „umdenken, anders denken". Die Umkehr beginnt im Denken. Unser Denken führt uns oft in die Irre. Wir denken nicht so, wie es der Wirklichkeit entspricht, sondern wir machen uns Illusionen über die Wirklichkeit. Wir hängen irgendwelchen Gedanken nach, die in uns aufkommen oder die andere uns aufdrängen. Wir denken, was alle denken. Unser Denken ist unbewußt, von andern gesteuert. Wir sollen lernen, selber zu denken, so zu denken, wie es der Wirklichkeit entspricht. Wenn wir das tun, freut sich unser Engel.

Die Frage ist, wie wir das lernen können, umzukehren, um-

zudenken, so zu denken, wie es mit der Realität überein-
stimmt. Unser Denken wird ja von früher Kindheit an von den
Eltern und von den wichtigsten Bezugspersonen beeinflußt
und oft genug verbogen. Wir lernen, die Wirklichkeit so zu sehen, wie die andern sie sehen. Und dennoch erleben wir auch
immer wieder, wie Kinder sich ihre eigenen Gedanken machen, wie sie selbständig denken, wie sie die Wirklichkeit oft
anders sehen, wie sie sie unverfälscht wahrnehmen. Sie haben
ein untrügliches Gespür für Menschen, die ihnen gut tun. Und
sie meiden andere, von denen sie den Eindruck haben, daß sie
ihre Grenze mißachten. Sie trauen ihrem spontanen Eindruck,
den sie sich von der Welt machen, und können ihn oft erstaunlich klar in Worte fassen. Wer hilft dem Kind, sich mitten
in einer festgefahrenen Denkwelt eigene Gedanken zu machen? Wir können sagen, daß das Kind in sich etwas Ursprüngliches hat, das von außen nicht so leicht verfälscht werden kann. Wir können aber auch sagen, daß es der Engel ist,
der das Kind mit seinem wahren Selbst in Berührung bringt
und es ein eigenständiges Denken lehrt. Dieser Engel freut
sich, wenn das Kind die Wirklichkeit so sieht, wie es sie in
ihrem Herzen wahrnimmt. Und ebenso freut sich dieser Engel
mit dem Kind, wenn es nach Umwegen und Irrwegen wieder
umkehrt und den Weg findet, der ihm entspricht.

Jeder gerät in seinem Leben einmal auf Wege, die nicht
weiterführen, in Sackgassen, die vor einer Mauer enden, auf
Umwege, die endlos sein zu scheinen, auf Irrwege, die ihn in
die verkehrte Richtung lenken, auf Abwege, die im Sand verlaufen. Und wir erleben es ähnlich wie der verlorene Sohn, daß
wir auf einmal erkennen: So geht es nicht weiter. „Ich will aufbrechen und zu meinem Vater gehen." (Lk 15, 18) Das grie-

chische Wort „anastas", das dort steht, heißt eigentlich: aufstehen. Es ist das Wort, das auch für die Auferstehung gebraucht wird. Irgendwann auf unseren Irrwegen möchten wir aufstehen und den eigenen Weg gehen. Dann feiern wir Auferstehung. Dann feiert der Engel mit uns. Und es war der Engel, der uns den Gedanken eingegeben hat, aufzustehen, uns nicht mehr weiter treiben zu lassen auf Wegen, die nicht weiterführen, den Aufstand zu wagen gegen alles, was uns vom Weg zum Leben abhält. Es ist tröstlich zu wissen, daß uns unser Engel auch auf allen Umwegen und Irrwegen begleitet. Er hat offensichtlich Geduld mit uns. Er verläßt uns nicht, auch wenn unser Weg noch so abschüssig wird. Wir dürfen vertrauen, daß er sich irgendwann auf unserem Weg zu Wort meldet und uns im Herzen eingibt, aufzustehen und den Weg zu wählen, der uns in die größere Lebendigkeit und Freiheit und Liebe führt. Manchmal hören wir die Stimme des Engels in einem andern Menschen oder in den leisen Impulsen unseres Herzens aber erst, wenn wir wie die Frau im Gleichnis eine Drachme verloren haben und aus unserer Mitte, aus dem Gleichgewicht gefallen sind. Aber es ist nie zu spät, aufzustehen, das Licht unseres Bewußtseins anzuzünden und uns auf die Suche nach dem verlorenen Selbst zu machen und das Fest unserer Ganzwerdung, unserer Einswerdung mit Gott, zu feiern. Dann feiert unser Engel mit und freut sich mit uns.

20.

DER ENGEL, DER DIE ANGST NIMMT

In der lukanischen Fassung der Ölbergszene erscheint ein Engel Jesus in seinem Gebetskampf und stärkt ihn. Jesus hat Angst. Er steht vor Frage, ob er fliehen oder standhalten soll. Er ringt mit Gott, ob es denn sein Wille sein könne, daß er sterben müsse. Er wollte den Menschen die Botschaft vom barmherzigen Vater verkünden. Er wollte ihnen die Güte und Menschenfreundlichkeit Gottes erweisen und sie auf den Weg des Friedens und des Lebens führen. Doch nun wenden sich die Repräsentanten der Juden, die römerfreundlichen Sadduzäer, gegen ihn. Soll er seinem Auftrag untreu werden und nur sich selbst retten? Kann es sein, daß Gott ihn dem gewaltsamen Tod preisgibt? In seinem Gebetskampf bittet er inständig: „Vater, wenn du willst, nimm diesen Kelch von mir! Aber nicht mein, sondern dein Wille soll geschehen. Da erschien ihm ein Engel vom Himmel und gab ihm neue Kraft." (Lk 22, 42 f) Der Engel steht ihm in seiner Angst bei. Lukas schildert diese Angst

Jesu sehr realistisch: „Er betete in seiner Angst noch inständiger, und sein Schweiß war wie Blut, das auf die Erde tropfte." (Lk 22,44) Das griechische Wort für Angst heißt hier: „Agonia". Es kommt von „agon = Kampf, Wettkampf". „Agonia" ist der innere Aufruhr, die Besorgnis, die Angst um den Sieg, „die letzte Spannung der Kräfte vor hereinbrechenden Entscheidungen und Katastrophen" (Stauffer, Theologisches Wörterbuch I, 140) Es bezeichnet die Todesangst, das letzte Aufbäumen aller Kräfte vor dem Ermordetwerden. Bei Jesus ist es die Angst, ins Nichts zu fallen, die Angst vor dem Kampf um Leben und Tod, die Angst vor einer Qual, die er nicht absehen kann, die Angst vor der Willkür der Macht, der er schutzlos ausgeliefert ist. In dieser Angst steht der Engel Jesus bei, er stärkt ihn und verwandelt die Angst. Denn nach diesem Kampf geht Jesus gefaßt und aufrecht zu den Jüngern und sagt zu ihnen: „Steht auf und betet, damit ihr nicht in Versuchung geratet!" (Lk 22,46) Das Gebet hat Jesus geholfen, in der Versuchung, in der Verwirrung wieder Klarheit zu finden und Kraft für seinen Weg.

Von Ängsten werden heute viele Menschen heimgesucht. Auch wenn sie ihre Angst nach außen hin nicht zeigen, so ist sie doch ihr ständiger Begleiter. Und wenn sie einmal offen über sich sprechen können, dann ist die Angst ihr zentrales Thema. Da ist die Angst vor dem Versagen, die Angst, sich zu blamieren, vor den andern lächerlich zu erscheinen. Andere haben Angst vor Menschen, die Macht ausüben. Sie geraten in Panik, wenn andere sie kritisieren, wenn sie ihnen mit ihrer Autorität gegenüber treten. Es ist die Angst, daß die mit einem machen können, was sie wollen. Oder es ist die Angst, von anderen abgelehnt zu werden, nicht mehr beliebt zu sein, wenn man Fehler macht. Oder es ist eine diffuse Angst, die man nicht mehr genauer erklären kann. Es kann die Angst vor der Dunkelheit sein, die Angst vor engen Räumen, vor Krankenhäusern, vor Einbrechern. Oder es ist die existentielle Angst vor Krankheit und Sterben, die Angst, es nicht zu schaffen, an seinem Leben vorbeigelebt zu haben. Unsere Ängste nähren sich aus Urängsten, die offensichtlich zum Menschen gehören. Es sind die Ängste, die in unserem kollektiven Unbewußten sitzen und die von allen Völkern in ihren Sagen und Mythen beschrieben werden: die Angst vor Vernichtung, Verschlungenwerden und Untergehen. Und die Angst, die vor einer konkreten Situation auftaucht, wird verstärkt durch Erfahrungen von Angst in der frühen Kindheit. Da ist eine Frau, die schon als kleines Kind längere Zeit im Krankenhaus verbringen mußte, ohne einen Besuch zu bekommen. In ihr brechen immer noch Ängste aus, wenn sie in ein Krankenhaus geht, um Kranke zu besuchen. In manchen Situationen hat sie Verlustängste, die durch die äußeren Bedingungen gar nicht gerechtfertigt sind. Sie weiß um diese Urängste und kann inzwischen auch besser damit umgehen. Aber sie tauchen immer wieder auf und verstärken die Angst, die durch konkrete Erfahrungen ausgelöst wird. Eine andere Frau hat Angst vor jeder Autorität, weil sie sofort an den Vater erinnert wird, der sie brutal geschlagen hat, vor dem sie ohnmächtig und hilflos war. Bei jedem, der sie laut anspricht, taucht diese Urangst des Kindes vor dem schreienden und schlagenden Vater auf.

Es gibt offensichtlich Ängste, die zwar durch die Therapie bewußt gemacht und bearbeitet, aber nicht völlig aufgelöst werden können. Sie bleiben trotz aller Bewußtmachung. Man kann versuchen, damit zu leben. Wenn man um die Wurzel der Ängste weiß, verurteilt man sich nicht mehr, wenn die Angst auftaucht. Man akzeptiert sie und kann sie dadurch relativieren. Es hat keinen Zweck, gegen die Angst zu kämpfen. Denn damit verstärke ich sie nur. Ich muß mich mit ihr anfreunden, mir erlauben, wovor ich Angst habe. Ich kann mir z. B. vorstellen, daß ich mich blamiere, daß ich das Stottern anfange oder vor Aufregung und Unsicherheit schwitze. Was geschieht dann? Ist es wirklich so schlimm, wie ich befürchte? Lehnen mich dann wirklich alle ab? Oder kann ich es mir selbst nicht verzeihen, wenn ich einen Fehler mache? Ich kann mir auch vorstellen, daß mich in meiner Angst ein Engel begleitet, daß ich nicht allein bin mit meiner Angst. Die Angst darf sein, aber in meiner Angst weiß ich um den Engel, der bei mir ist. Der Engel in mir bringt mich mit dem Vertrauen in Berührung, das neben meiner Angst auch immer in mir ist. Jesu Angst ist nicht gleich vergangen, als der Engel ihn stärkte. Aber es hat sich etwas für ihn verwandelt. Wenn ich mir vorstelle, daß ein Engel bei mir ist in meiner Angst, dann verschwindet dadurch die Angst noch nicht. Aber in meine Angst kommt ein Funke Hoffnung hinein. Manchmal scheint die Angst ja abgrundlos zu sein. Man meint, man hätte keinen Boden unter den Füßen. Das Bild, daß auch dort noch mein Engel mit mir geht, schenkt mir in dieser Abgrundlosigkeit wieder ein Stück Boden unter den Füßen, auch wenn er noch schwankend ist.

Ich bin der Angst nicht völlig ausgeliefert, sondern kann durch den Engel an meiner Seite auch einen Raum des Vertrauens erfahren.

21.

Der Engel, der die Fesseln löst

In der Apostelgeschichte erzählt uns Lukas von der wunderbaren Befreiung des Petrus aus dem Kerker durch einen Engel. Herodes hatte Petrus ins Gefängnis werfen lassen. „In der Nacht, ehe Herodes ihn vorführen lassen wollte, schlief Petrus, mit zwei Ketten gefesselt, zwischen zwei Soldaten; vor der Tür aber bewachten Posten den Kerker. Plötzlich trat ein Engel des Herrn ein, und ein helles Licht strahlte in den Raum. Er stieß Petrus in die Seite, weckte ihn und sagte: Schnell, steh auf! Da fielen die Ketten von seinen Händen. Der Engel aber sagte zu ihm: Gürte dich, und zieh deine Sandalen an! Er tat es. Und der Engel sagte zu ihm: Wirf deinen Mantel um, und folge mir! Dann ging er hinaus, und Petrus folgte ihm, ohne zu wissen, daß es Wirklichkeit war, was durch den Engel geschah; es kam ihm vor, als habe er eine Vision. Sie gingen an der ersten und an der zweiten Wache vorbei und kamen an das eiserne Tor, das in die Stadt führt;

es öffnete sich ihnen von selbst. Sie traten hinaus und gingen eine Gasse weit; und auf einmal verließ ihn der Engel." (Apg 12, 6–10)

Viele fühlen sich wie Petrus im Gefängnis, gefesselt und von zwei Soldaten bewacht. Petrus hat keine Chance. Das Gefängnis kann die Angst sein, die uns gefesselt hält. Es kann auch eine Beziehung sein, in der man sich gefangen fühlt. Gefängnis können die eigenen Grenzen sein. Man hat das Gefühl, man kommt nicht aus sich selbst heraus. Man ist in sich selbst verstrickt, von seinen Leidenschaften gefangen, voller Hemmungen und Blockaden. Rechts und links sind zwei Soldaten. Sie vertreten das Gesetz. Oft wird unser inneres Gefängnis von den Vertretern des Gesetzes bewacht, von den Vertretern unseres eigenen Über-Ichs, das uns einpeitscht, daß wir dieses und jenes tun sollen und das nicht, daß wir an allem schuld sind. Die Soldaten bestrafen uns sofort, wenn wir gegen die Stimmen des Über-Ichs verstoßen haben. Sie gehen gewaltsam gegen uns vor. Petrus muß sogar zwischen diesen Soldaten schlafen. Er hat keinen Bewegungsspielraum. Das Über-Ich kann zu einer Kontrollinstanz werden, die uns überallhin verfolgt, sogar bis in den Schlaf. Bei jedem kleinen Tun bewertet sie uns und verurteilt uns. Wenn wir uns über einen Erfolg freuen, kommt sofort das innere Verdikt, daß das Stolz sei. Wenn wir etwas sagen wollen, setzt uns das Über-Ich unter Druck, daß wir auch alles richtig machen.

Manche Menschen fühlen sich in ihrem Gefängnis genauso chancenlos wie Petrus. Sie brauchen auch einen Engel, der mitten in der Nacht zu ihnen kommt und sie von ihren Ketten befreit, der sie in die Seite stößt, damit sie aufstehen und sich auf den Weg in die Freiheit machen. Aufstehen muß der Gefangene selbst. Nur wenn er selbst aktiv wird, können die Ketten von seinen Händen fallen. Der Engel gibt noch andere Befehle: „Gürte dich und zieh deine Sandalen an! ... Wirf deinen Mantel um, und folge mir!" (Apg 12,8) Wer sich gefangen fühlt in seinen Leidenschaften und Trieben, in seinen Ängsten und Depressionen, der muß sich den Gürtel seiner eigenen Kraft anlegen. Der Gürtel ist aber nicht nur Bild für die eigene Kraft, sondern auch für die Bereitschaft, das zu tun, was in unserer Macht steht. Die Sandalen und der Mantel sind Zeichen dieser Bereitschaft, sich auf den Weg zu machen und dem Engel zu folgen. Solange der Engel vorausgeht, greifen die Wachen nicht ein. Die Wächter des Über-Ichs sind angesichts des Engels entmachtet. Wenn wir mit dem Engel in Berührung sind, dann schweigen die Stimmen des Über-Ichs. Und dem Engel öffnen sich die Türen von selbst. Er führt uns hinein in die Freiheit, in das Leben, in die Stadt.

Vielleicht kommt der Engel auch bei uns im Schlaf, im Traum. Petrus kann kaum unterscheiden, ob sich Traum oder Wirklichkeit abspielt. Der Traum wird wirklich. Er ist tatsächlich aus dem Gefängnis entkommen. Wenn der Engel zu uns kommt, wissen wir auch oft nicht, ob es Traum oder Wirklichkeit ist. Aber auch der Traum ist eine Wirklichkeit, die in die äußere Realität hinein wirkt. Wenn sich im Traum unsere Fesseln lösen, dann werden wir auch in der Realität des Alltags freier auftreten. Was im Unbewußten geschieht, ist wirklich und wirkt bis in die bewußte Realität hinein. Wenn ich davon träume, daß die Gefängnismauern zusammenstürzen, dann ist auch in der Realität mein Gefängnis aufgebrochen. Wenn ich träume, daß die Verfolger mich aus dem Auge verlieren, dann bin ich schon einen Schritt weiter auf dem Weg meiner Selbstwerdung.

22.

DER ENGEL, DER DIE AUFERSTEHUNG BEWIRKT

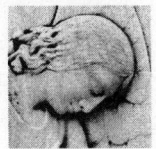

In allen Auferstehungsberichten spielen Engel eine wichtige Rolle. Sie bezeugen die Auferstehung und deuten den Frauen oder den Jüngern das Geheimnis des leeren Grabes. Im Matthäusevangelium bezeugt der Engel des Herrn nicht nur die Auferstehung, sondern er scheint sie auch herbeizuführen und sie zu begleiten. „Nach dem Sabbat kamen in der Morgendämmerung des ersten Tages der Woche Maria aus Magdala und die andere Maria, um nach dem Grab zu sehen. Plötzlich entstand ein gewaltiges Erdbeben; denn ein Engel des Herrn kam vom Himmel herab, trat an das Grab, wälzte den Stein weg und setzte sich darauf. Seine Gestalt leuchtete wie ein Blitz, und sein Gewand war weiß wie Schnee. Die Wächter begannen vor Angst zu zittern und fielen wie tot zu Boden. Der Engel aber sagte zu den Frauen: Fürchtet euch nicht! Ich weiß, ihr sucht Jesus den Gekreuzigten. Er ist nicht hier; denn er ist auferstanden, wie er gesagt hat. Kommt her und seht euch die

Stelle an, wo er lag. Dann geht schnell zu seinen Jüngern und sagt ihnen: Er ist von den Toten auferstanden. Er geht euch voraus nach Galiläa, dort werdet ihr ihn sehen. Ich habe es euch gesagt. Sogleich verließen sie das Grab und eilten voll Furcht und großer Freude zu seinen Jüngern, um ihnen die Botschaft zu verkünden." (Mt 28, 1–8)

Die Frauen kommen bei Matthäus nicht zum Grab, um den Leichnam Jesu zu salben, sondern um das Grab zu schauen. Es steht dort das griechische Wort „theorein", das meint: betrachten, meditieren, anschauen. Sie kommen schon am späten Abend. Denn nach der Abenddämmerung beginnt schon der neue Tag. Sie möchten die ganze Nacht über am Grab bleiben, um Jesus zu betrauern und über ihn nachzudenken und zu meditieren. Da entsteht ein starkes Erdbeben, eine Erschütterung. Da wird alles durcheinander geschüttelt, da kommt Bewegung hinein in die Grabesstarre. Und der Engel des Herrn steigt vom Himmel herab. Erdbeben und Engelerscheinung sind die beiden wichtigsten Merkmale der Gottesbegegnung im Alten Testament. Wenn Gott erscheint und in die Welt eingreift, dann kündigt er sich im Erdbeben und im Engel an.

Der Engel wälzt den Stein vom Grab weg und setzt sich darauf. Oft genug liegt ein Stein auf uns, der uns blockiert und uns vom Leben abhält. Er liegt gerade dort auf uns, wo das Leben in uns aufblühen möchte. Unter dem Stein kann sich das Leben nicht entfalten. Es bleibt unterdrückt. Der Engel weiß um unsere Blockaden und löst den Stein dort, wo er uns am meisten am Leben hindert. Und der Engel setzt sich auf den Stein. Er verwandelt den Stein, der uns blockiert, in einen Stein, der uns Gottes befreiende Gegenwart anzeigt.

Der Engel dieser Erzählung ist voller Macht. Er leuchtet wie ein Blitz auf in der Dunkelheit. Die Wächter, die den Toten bewachen, zittern vor Angst. Sie sind wie tot, während der, den sie bewachen, zum Leben kommt. In uns sind solche Wächter, die das Tote in uns bewachen, die darüber wachen, daß sich ja nichts in uns verändert, daß alles beim Alten bleibt, daß an unseren Grundsätzen nicht gerüttelt wird. Wenn der Engel wie ein Blitz einbricht in unsere Grabeswelt, dann stürzen die Wächter zu Boden. Sie können das Leben in uns nicht mehr davon abhalten, herauszukommen und sich zu entfalten. Es geht eine gewaltige Kraft von diesem Engel aus, der auch unser Grab aufsprengt, in dem wir uns eingerichtet haben mit unserer Resignation und Enttäuschung. Der Engel läßt uns nicht ruhig in unserem Grab schlafen. Er rüttelt uns wach. Auferstehung ist nicht nur etwas Vergangenes. Der Engel des Herrn will auch in uns Auferstehung bewirken, indem er den Stein wegwälzt, der uns blockiert. Es gibt viele Menschen, die lieber in ihrem Grab liegen bleiben. Sie jammern zwar, wie feucht und dunkel es darin ist. Aber sie haben Angst aufzustehen. Denn dann müßten sie sich dem Leben stellen. Dann könnten sie verwundet werden. Und sie hätten keine Ausrede mehr für die Verweigerung, in der sie sich eingerichtet haben. Da braucht es einen Engel, der uns erschüttert und schüttelt, der in uns eine Bewegung auslöst und uns aus dem Grab hinauswirft.

Der Engel löst Betroffenheit und Furcht aus. Aber er sagt zu den Frauen, sie sollten sich nicht fürchten. Er zeigt ihnen, daß das Grab leer ist, daß Jesus auferstanden ist. Sie finden ihn nicht mehr im Grab, nicht mehr in der Vergangenheit, nicht mehr im Nachtrauern des Gewesenen. Er geht ihnen voraus nach Galiläa. In Galiläa werden sie ihn sehen, nicht in Jerusalem, nicht in der heiligen Stadt, sondern im verachteten Gebiet von Galiläa, in dem Juden und Heiden vermischt leben. Dort, wo wir leben, in der Banalität unseres Alltags, in dem Frommes sich mit Heidnischem mischt, Gottesferne mit Gottesnähe, Fremdes mit Vertrautem, dort, wo wir uns selbst verachten, dort werden wir den Auferstandenen sehen und ihm begegnen. Mitten im Durcheinander dieser Welt werden wir Auferstehung erfahren. Mitten in der Selbstverachtung wird uns der Auferstandene aufrichten.

Der Engel sendet die Frauen, daß sie nun selbst zu Engeln der Auferstehung werden und den Jüngern die Frohe Botschaft von der Auferweckung Jesu verkünden. Die Frauen wollten nur das Grab sehen. Sie wollten Zuschauerinnen bleiben. Jetzt bekommen sie eine Aufgabe. Sie sollen zu den Jüngern gehen und ihnen bezeugen, daß das Leben den Tod besiegt hat, daß die Liebe stärker ist als der Haß, daß die Steine, die das Leben abhalten, weggewälzt sind und das Grab offen steht. Die Frauen verlassen das Grab voller Freude, aber zugleich voller Furcht. Sie sind betroffen von dem Geschehenen. Der Engel war für sie nicht nur Zeuge der Auferstehung Jesu. Er hat auch sie zum Aufstehen gebracht. Sie sind aufgestanden und haben sich auf den Weg gemacht. Auf diesem Weg sind sie dem Auferstandenen selbst begegnet. Da haben sie gespürt, daß die Botschaft des Engels stimmt. Und so wurden sie selbst zu Engeln, zu Boten der Auferstehung für andere.

Das ist wohl die größte Wirkung, die ein Engel in unserem Leben haben kann, daß er den Stein von unserem Grab wälzt und uns aus dem Grab aufstehen läßt. Es ist soviel leichter, liegen zu bleiben und den andern die Verantwortung für sich zu-

zuschieben, als selber aufzustehen. Es ist bequemer, sich als Opfer zu fühlen, als für sich selbst Verantwortung zu übernehmen. Der Engel, der uns begleitet, hindert uns daran, in der Opferrolle zu bleiben. Er wälzt den Stein von unserem Grab, damit wir nun selbst aufstehen und uns dem Leben stellen. Der Engel bringt uns in Berührung mit der eigenen Kraft. Er ist nicht nur außen, sondern auch innen. Manchmal brauchen wir Menschen als Engel, die uns den Stein vom Grab wegrollen und uns Mut machen aufzustehen. Aber aufstehen müssen wir dann selbst. Da heißt es, der Kraft zu vertrauen, die der Engel in uns hervorruft, die in uns selber ist.

Schon Kinder kennen das Grab. Als Kinder haben wir tote Vögel feierlich begraben und ein Kreuz auf ihr Grab gestellt. Offensichtlich hatten wir ein Gespür dafür, daß alles Tote begraben werden muß. Nur so kann es verwandelt werden und auferstehen. Man muß das Alte, das sich überlebt hat, begraben und kann es nicht ein Leben lang mit sich herumschleppen. Aber manche Kinder erleben das Grab noch anders. Sie fühlen sich wie im Grab, wie unter einer Grabplatte. Sie kommen gar nicht zum Leben. Alles spielt sich ab wie unter einer Decke. Die dumpfe Atmosphäre im Elternhaus deckt alles zu, was da an Lebendigkeit aufblühen möchte. Sie ist wie ein Stein, der auf ihnen liegt und sie vom Leben abhält. Manchmal scheinen Kinder nicht ansprechbar. Sie leben in einer anderen Welt, ein großer Stein macht ihnen die Realität unzugänglich. Die Eltern sind oft beunruhigt, wenn das Kind sich in das eigene Grab zurückzieht. Sie wissen nicht, ob da ein Engel mitten in der Nacht in das Grab steigt und den Stein wegwälzt. Die Erzählung vom Auferstehungsengel bei Matthäus will in uns das Vertrauen wecken, daß die Grabessituation für ein

Kind oder für einen Erwachsenen nicht endgültig bleibt, daß dann, wenn alles dunkel ist und voller Trauer, wenn die Depression alles Leben zugedeckt hat, ein Engel vom Himmel herabsteigt und ein Erdbeben auslöst. Wenn der Engel in einem treuen Begleiter oder im Traum oder in einer inneren Erfahrung herabsteigt in unsere Grabessituation, dann werden auch wir aufstehen können, um zu leben. Der Engel kann wie ein Blitz zu uns kommen. Ein Geistesblitz erhellt unsere Dunkelheit und schafft den Raum zum Aufstehen.

23.

DER ENGEL, DER DAS LEBEN DEUTET

Im Lukasevangelium haben die Engel bei der Auferstehung eine andere Bedeutung. Sie deuten das Geschehen der Auferstehung für die Frauen. Die Frauen gehen ins Grab hinein und finden den Leichnam Jesu nicht. Aber sie verstehen nicht, was das bedeuten sollte. „Während sie ratlos dastanden, traten zwei Männer in leuchtenden Gewändern zu ihnen. Die Frauen erschraken und blickten zu Boden. Die Männer aber sagten zu ihnen: Was sucht ihr den Lebenden bei den Toten? Er ist nicht hier, sondern er ist auferstanden. Erinnert euch an das, was er euch gesagt hat, als er noch in Galiläa war: Der Menschensohn muß den Sündern ausgeliefert und gekreuzigt werden und am dritten Tag auferstehen. Da erinnerten sie sich an seine Worte. Und sie kehrten vom Grab in die Stadt zurück und berichteten alles den Elf und den anderen Jüngern." (Lk 24, 4–9)

Wie im Alten Testament sind die Engel hier als Männer beschrieben. Sie haben ein leuchtendes Gewand, das sie als Engel ausweist. Die beiden Engel stellen an die Frauen eine Frage in Form eines Sprichwortes: „Was sucht ihr den Lebenden bei den Toten?" Sie sollen den Auferstandenen nicht im Grab suchen, nicht im Reich der Toten. Dieses Sprichwort ist auch heute noch aktuell. Viele Fromme suchen Jesus im Reich der Toten, im Reich toter Buchstaben und bloßer Gesetzesfrömmigkeit. Andere suchen ihn nur in der Vergangenheit. Sie kreisen nur um traditionelle Formen, anstatt sich dem Leben zu stellen. Manche benutzen ihren spirituellen Weg, um dem Leben auszuweichen, anstatt es in sich zuzulassen. Andere suchen das Leben bei den Toten, wenn sie im Geld, im Besitz, in der Macht, in der Karriere, im Prestige ihr Glück suchen. Auferstehung aber heißt, das Leben in sich selbst zu entdecken und es nicht mehr bei toten Dingen zu suchen.

Dann deuten die beiden Engel die Auferstehung. Das, was auf den ersten Blick unverständlich ist, wird auf einmal klar. Die Engel erinnern an die Worte Jesu, an seine Leidensweissagung. Diese Worte waren den Jüngern offensichtlich dunkel geblieben. Aber nun beginnen sie auf einmal zu leuchten und ihnen den Weg Jesu zu erhellen. Jetzt wird auf einmal verständlich, daß Jesus nicht nur seinen Tod am Kreuz, sondern auch seine Auferstehung am Dritten Tage vorausgesagt hat. Der Engel als „angelus interpres", als Deuter und Interpret, ist ein wichtiges Bild geworden. Die Engel, die uns begleiten, führen uns ein in das Geheimnis unseres Lebens. Sie decken den Sinn auf, wenn uns alles sinnlos erscheint. Ohne richtige Deutung können wir auch nicht richtig leben. So wie wir unser Leben deuten, so erleben wir es auch. Der Engel deutet uns das Leben so, wie Gott es sieht. Wenn wir seiner Deutung glauben, dann gelingt unser Leben.

Für Kinder sind normalerweise die Eltern die Deuter des Lebens. Oft aber suchen Kinder auch andere Interpreten für ihr Leben. Beliebt sind die Großeltern, die alles, was das Kind erlebt, von ihrer eigenen Lebenserfahrung her deuten, die neues Licht hineinbringen. Sie lassen in ihrer Deutung oft etwas vom Geheimnis des Lebens durchscheinen. Das fasziniert Kinder. Das Leben ist nicht nur banal. Es geht nicht nur um richtig oder falsch. Das Leben hat viele Dimensionen. Es reicht bis in den Himmel hinein. Da gibt es Engel, die uns begleiten und die auch unser Leben wunderbar erscheinen lassen. Eine Deutung, die nur an der Oberfläche bleibt und nur ein angepaßtes Dasein ermöglicht, befriedigt die Kinder nicht. Sie wollen an das Geheimnis des Lebens rühren. Und sie lassen keine Deutung gelten, die nicht auch den Tod einbezieht. Nur wenn der Tod keine Katastrophe ist, sondern ein Weg zur Auferstehung, sind Kinder zufrieden. Sie haben in sich ein Gespür für das Geheimnis von Tod und Auferstehung. Sie gehen daher oft viel unbefangener um mit dem Sterben. Ihr Engel sagt ihnen, daß der Tod nicht das letzte Wort ist, sondern daß die Toten zu Gott gehen und dort im Himmel auf neue Weise leben, daß sie dort so leben, wie die Kinder sich schon immer Leben vorstellen und wünschen.

Auch als Erwachsene brauchen wir immer wieder Engel, die uns unser Leben deuten. Im Gespräch mit einem Freund geht uns auf einmal auf, daß alles, was wir bisher erlebt haben, einen Sinn hat, daß Gott uns da einen guten Weg geführt hat. Oder wir hören eine Predigt und auf einmal wird uns klar, was unsere momentane Situation bedeutet. Wir gehen anders nach Hause. Wir verstehen unser Leben und können es so annehmen, wie es ist. Wir erleben eine Beerdigung. Voller Trauer gehen wir wie die Frauen zum Grab. Da erfahren wir in der Ansprache oder in den Gebeten eine Deutung, die uns das Geschehen in ein anderes Licht hüllt. Oder wir sind gescheitert und klagen einer Freundin das Zerbrechen unseres Lebenskonzeptes. Aber nach dem Gespräch spüren wir, daß wir dennoch getragen sind. Wir erkennen sogar im Scheitern einen Sinn. All die Menschen, die uns unser Schicksal deuten, erfahren wir als Engel. Und wir erleben sie oft genug als Engel der Auferstehung, die uns neues Vertrauen schenken, aus der Resignation aufzustehen in ein neues Leben hinein.

24.

DER ENGEL, DER UNS IN DEN HIMMEL TRÄGT (LAZARUS)

In allen Völkern gibt es die Vorstellung vom Todesengel, der uns sicher durch das Tor des Todes geleitet. Sterbeforscher wie Raimond Moody oder Elisabeth Kübler-Ross sprechen von Lichtwesen, die uns im Tode erscheinen und liebevoll zur Seite stehen. Sie sprechen dabei vom Engel, der uns im Prozeß des Sterbens begleitet und uns in der jenseitigen Welt willkommen heißt. In der biblischen Erzählung vom reichen Mann und dem armen Lazarus, der krank und voller Geschwüre vor der Türe des Reichen lag, wird das Bild des Todesengels aufgegriffen: „Als nun der Arme starb, wurde er von den Engeln in Abrahams Schoß getragen." (Lk 16,22)

Es ist ein weit verbreiteter Glaube, daß Engel uns in den Himmel tragen werden. Wenn bei uns im Kloster der Sarg eines verstorbenen Mitbruders von der Kirche zum Friedhof getragen wird, singen wir die altehrwürdige Antiphon: „In paradisum deducant te angeli" (In das Paradies mögen dich die

Engel geleiten). Dort sollen die Märtyrer den Verstorbenen auf-
nehmen und in die heilige Stadt Jerusalem geleiten. Dann
schließt die Antiphon: „Chorus angelorum te suscipiat, et cum
Lazaro quondam paupere aeternam habeas requiem" (Der
Chor der Engel möge dich aufnehmen. Und mit dem einst armen Lazarus mögest du ewige Ruhe haben). Hier wird auf die
Geschichte vom armen Lazarus Bezug genommen. Die Engel
mögen uns genauso wie einst Lazarus in den Himmel tragen.
Lazarus heißt: Gott hilft. Wir sind im Tod nicht ohne Hilfe.
Gott selbst sendet seine Engel, daß sie uns auch dann helfen,
wenn wir uns im Tod nicht mehr selbst helfen können. Die Engel werden uns hinübertragen in die heilige Stadt, in den Himmel, in dem die Engel und Heiligen Gott anbeten. Dort wird
sich der Chor der Engel über unsere Ankunft freuen und ein
Danklied anstimmen. Es gibt ein schönes Bild eines alten Mei-
sters um das Jahr 1200, auf dem die beiden Erzengel Rafael
und Gabriel in einem Tuch eine abgeschiedene Seele in den
Himmel tragen. Es ist ein Trostbild für kranke und sterbende
Menschen. Sie werden nicht in das Dunkel des Todes fallen,
sondern von liebenden Engeln sanft in den bergenden Schoß
Gottes getragen.

Im Offertorium der Totenmesse wird Michael als der Engel
besungen, der uns in das ewige Licht führen möge: Da heißt es
nach der Bitte, daß Gott den verstorbenen Gläubigen vor den
Qualen der Hölle bewahren möge: „Vielmehr geleite sie Sankt
Michael, der Bannerträger, in das heilige Licht, das du einstens
dem Abraham verheißen und seinem Nachkommen." Die Li-
turgie kennt also noch das Bild, daß Engel uns in den Himmel
tragen werden. Gerade der Erzengel Michael, der starke Kämp-
fer für Gott, wird auch für uns kämpfen, damit wir sicher an das

andere Ufer gelangen, in das heilige Licht Gottes, in dem wir selbst ganz zu Licht werden. Es ist ein tröstliches Bild, daß ein Engel uns hier das ganze Leben lang begleitet, daß er uns auf unsern Wegen schützt, daß er uns immer wieder anstößt, wirklich zu leben, daß er unsere Wunden heilt und uns aus dem Gefängnis befreit und daß dieser Engel uns auch im Tod nicht verlassen wird. Er wird uns über den Abgrund des Todes, der seit jeher den Menschen Angst macht, sicher hinüber geleiten. Dann hat unser Engel seine Aufgabe erfüllt. Und er kann für immer einstimmen in den Chor der Engel, der im Himmel das ewige Lob Gottes singt. Der Engel verläßt uns auch beim Todeskampf nicht. Der Tod verliert durch die Anwesenheit des Engels seinen Schrecken. Dort, wo wir ohnmächtig sind, wo wir den Schmerzen und der Einsamkeit ausgeliefert sind, steht der Engel neben uns. Das Tor des Todes werden wir nicht allein durchschreiten, sondern in Begleitung unseres Engels.

Johann Sebastian Bach schließt die Johannespassion mit dem tröstlichen Choral:
Ach Herr, laß dein' lieb' Engelein
Am letzten End' die Seele mein
In Abrahams Schoß tragen;
Den Leib in sein'm Schlafkämmerlein,
Gar sanft, ohn' ein'ge Qual und Pein,
Ruh'n bis am Jüngsten Tage!
Daß meine Augen sehen dich
In aller Freud', o Gottes Sohn,
Mein Heiland und Genadenthron!
Herr Jesu Christ, erhöre mich,
Ich will dich preisen ewiglich!
Viele tun sich schwer mit dieser Sprache. Doch die Nah-

todeserlebnisse vieler Menschen lassen uns diese Worte in einem neuen Licht erscheinen. Gottes Engel werden uns im Tod geleiten und in Gottes liebende Hände hineintragen. Kinder haben mit dieser Vorstellung keine Probleme. Sie leben in der Welt der Engel. Und sie sind überzeugt, daß ihr Engel sie auch im Tode in Abrahams Schoß tragen werde, daß sie im Tod in Gottes mütterliche Arme hinein sterben werden. Der Tod hat etwas mit Geburt zu tun, mit einem mütterlichen Schoß. Dort werden wir für immer die Geborgenheit erfahren, die wir hier ersehnen, die wir hier zwar immer wieder erleben dürfen, die aber zugleich auch brüchig und vergänglich ist. Im Tod werden wir für immer im mütterlichen Schoß Gottes ruhen und im Blick auf Gottes Liebe ewige Freude genießen.

Schluss

Die Engel, von denen uns die Bibel berichtet, zeigen uns, daß eine heilende Nähe in alle Situationen unseres Lebens hineinreicht. Gott ist nicht nur das ferne und unbegreifliche Geheimnis, sondern er greift in den Engeln konkret in unser Leben ein. Er schickt uns Engel in Menschengestalt, die eine Zeitlang mit uns gehen und uns die Augen öffnen für die eigentliche Wirklichkeit. Er schickt uns Engel, die uns im Traum einen Weg aus der Sackgasse heraus zeigen, die uns im Traum Heilmittel für unsere Seele reichen und uns die Fesseln lösen. Gott hilft uns durch den Engel, der in uns ist, in unserem Herzen, in unseren Gedanken, in den leisen Impulsen unserer Seele. Wenn wir mit der Theologie die Engel als geschaffene Geistwesen verstehen, dann konkretisiert sich in ihnen Gottes heilende Nähe in einer geschaffenen, erfahrbaren Wirklichkeit. In sichtbaren Menschen, in manchmal sich zeigenden Lichtgestalten, in Träumen, die sich tief in unsere Seele einprägen, die wir anschauen und meditieren können, handelt Gott durch seine Engel an uns. Das ist eine tröstliche Botschaft, eine Botschaft, die den fernen und unbegreiflichen Gott hineinholt in unsere Alltagswirklichkeit.

Jeder Mensch hat einen Engel. Das ist die Frohe Botschaft der biblischen Geschichten. Und das ist auch die Erkenntnis der geistlichen Tradition. Jeder Mensch braucht im Haus seiner Seele besondere Räume des Schutzes und des schöpferischen Versunkenseins. Dort wohnen die Engel bei ihm und führen ihn ein in die Leichtigkeit des Seins, in die Zärtlichkeit und Liebe und in die Lust am Leben. Die Engel beflügeln seine Seele. Sie verleihen seinem Geist Flügel der Phantasie, damit er sich abheben kann von der Banalität des Vordergründigen und sich der Himmel öffnet über der Leere seiner Wüste. Die Engel vermitteln uns die Erfahrung, daß wir in besonderer Weise geschützt und geborgen sind. Wir sind nie allein gelassen. Engel begleiten uns in alle Situationen unseres Lebens, in die Einsamkeit, in das Gefängnis, in die Angst, in die Depression, in das Grab unseres Selbstmitleids und unserer Resignation, ja bis in den Tod hinein. Engel werden uns auch durch das dunkle Tor des Todes tragen. Sie werden uns ins Licht geleiten, damit wir gemeinsam mit ihnen Gott das ewige Loblied singen.

Engel haben unser Schreien als Kind gehört, als wir verletzt und gekränkt worden sind, als wir uns der Willkür und der Mißachtung ausgeliefert fühlten. Engel waren bei uns in unseren Schmerzen, in unseren Ängsten, in unserer Ohnmacht. Von Kindheit an wußten wir den Engel an unserer Seite, ja wir wußten den Engel in uns als Quelle heilender und schützender Kräfte, als Potential des Kreativen, als innere Ressource, als hilfreiche Einfälle. Engel führten uns ein in die innere Welt, in die die Verletzungen der äußeren Welt nicht hineinreichten. Sie vermittelten uns eine Aura der Würde, die uns niemand nehmen konnte. Als Erwachsene können wir anknüpfen an unsere Engelerfahrungen in der Kindheit. Aber wir können unsere Engel nicht mit Kinderaugen anschauen. Wir müssen sie als erwachsene, aufgeklärte Menschen betrachten. Für mich heißt, den Engel im eigenen Leben sehen, daß ich die Fixierung aufgebe auf die Geschichte meiner Verletzungen und Kränkungen, meines Scheiterns und meiner Niederlagen. Mit dem Engel in Berührung kommen heißt für mich, die Engelsspuren in meinem Leben entdecken. In der geistlichen Begleitung durfte ich immer wieder erfahren, wie Menschen Heilung und Befreiung erfahren haben, wenn sie die Engelsspuren in ihrer Lebensgeschichte erkannten und meditierten. Da wuchs ihnen eine andere Kraft zu, eine göttliche Kraft. Da kamen sie in Berührung mit der Dimension des Göttlichen. Und erst im göttlichen Bereich konnten sie der Mensch werden, der sie von ihrem Ursprung her sind. Wenn sie den Engel in ihrem Leben betrachteten, dann wurden sie frei von der bedrängenden Nähe verletzender und mißachtender Menschen. In den Engeln erlebten sie Gottes heilende und befreiende Nähe, Gottes liebenden und zärtlichen Hauch, der sie in jedem Augenblick ihres Lebens umweht und einhüllt. Die Begegnung mit den Engeln ließ sie selbst zu Engeln werden für andere. Darin besteht wohl unser aller Berufung, daß wir füreinander zum Engel werden, der den Himmel über dem andern öffnet und ihm Gottes heilende und liebende Nähe vermittelt.

LITERATUR

Pietro Bandini, Die Rückkehr der Engel. Von Schutzengeln, himmlischen Boten und der guten Kraft, die sie uns bringen, Bern 1995.

Annemarie Brückner, Michaelsverehrung, in: Theologische Realenzyklopädie, Bd. XXII, S. 717–724.

Helmut Hark, Mit den Engeln gehen. Die Botschaft unserer spirituellen Begleiter, München 1993.

C. G. Jung, Gesammelte Werke, Bd. 11, Zürich 1963. ders., Bd. 13, Olten 1978.

Verena Kast, Abschied von der Opferrolle, Stuttgart 1998.

Ellen Stubbe, Die Wirklichkeit der Engel in Literatur, Kunst und Religion, Münster 1995.

Herbert Vorgrimler, Wiederkehr der Engel? Ein altes Thema neu durchdacht, Kevelaer 1991.

Inspirationen

Meister Ryokan
Alle Dinge sind im Herzen
Weisheiten des berühmten japanischen Zenmeisters
Band 5035

Wer diese poetischen und meditativen Texte liest, spürt die Weisheit
des einfachen Lebens, staunt über seine Liebe für das Unmittelbare und
fühlt sich in seinen Bann gezogen.

Ulrich Schaffer
Die innere Stimme
Ein Weg zu sich selbst
Band 5032

Die Welt in uns will gehört und gesehen werden. Zu sich selber finden
heißt: auf diese Stimmen achten und sie besser verstehen.

Bernardin Schellenberger (Hrsg.)
Gib deiner Seele Flügel
Mystische Augenblicke für jeden Tag
Band 5031

Die schönsten und zugänglichsten Texte alter und moderner Mystiker –
ausgewählt für jeden Tag. 365 Inspirationen, die aus der Routine führen.

Niklaus Brantschen
Erfüllter Augenblick
Wege zur Mitte des Herzens
Band 5030

Lärm, Unruhe, Hektik, Streß, Zerstreutheit – damit unser Leben nicht
davon überwältigt wird, können wir Oasen der Stille suchen und ein
neues Gefühl für das Leben finden.

David Steindl-Rast
Fülle und Nichts
Von innen her zum Leben erwachen
Band 5026

Der inspirierende und tief berührende Klassiker unter den modernen
Meditationsbüchern. Eine Einladung zum Leben in diesem Augenblick.

HERDER / SPEKTRUM

Anselm Grün
Herzensruhe
Im Einklang mit sich selber sein
Band 5023
Leistung und äußerlicher Wohlstand allein können nicht bringen, wonach sich Menschen wirklich sehnen: innere Ruhe und Seelenfrieden.

Es gibt nichts Gutes, außer man tut es
Geschichten von wahren Engeln
Hrsg. von Rudolf Walter
Band 5022
Geschichten von Helden des Alltags, von der ansteckenden Freundlichkeit des Herzens und von der Kunst des Helfens.

Anthony de Mello
Mit Leib und Seele meditieren
Band 5017
De Mello verbindet die indischen Traditionen des Buddhismus und Hinduismus mit spirituellen Übungen des Abendlandes.

Gelassenwerden
Herausgegeben von Rudolf Walter
Band 5016
Die innere Gelassenheit wächst, wenn man ihr Raum gibt, wenn es gelingt, loszulassen, Vertrauen zu gewinnen, das Ganze zu sehen.

Anthony de Mello
Zeiten des Glücks
Band 5009
Geschichten, die Herzen verwandeln.

Ulrich Schaffer
Sammle mir Kiesel am Fluß
Mehr als eine Liebesgeschichte
Band 5001
Mit den Kieseln ist es wie mit den Menschen. Jeder ist einzigartig. Die Sprache der Kiesel zu verstehen, heißt, das Geheimnis der Liebe zu kennen.

HERDER / SPEKTRUM